大数据时代
企业财务管理转型与对策研究

徐贵丽 ◎ 著

吉林出版集团股份有限公司
全国百佳图书出版单位

图书在版编目（CIP）数据

大数据时代企业财务管理转型与对策研究 / 徐贵丽
著. -- 长春：吉林出版集团股份有限公司，2023.7
ISBN 978-7-5731-3851-4

Ⅰ．①大… Ⅱ．①徐… Ⅲ．①企业管理－财务管理－
研究 Ⅳ．①F275

中国国家版本馆CIP数据核字(2023)第135964号

DASHUJU SHIDAI QIYE CAIWU GUANLI ZHUANXING YU DUICE YANJIU
大数据时代企业财务管理转型与对策研究

著　者	徐贵丽
责任编辑	田　璐
封面设计	朱秋丽
出　版	吉林出版集团股份有限公司
发　行	吉林出版集团青少年书刊发行有限公司
地　址	吉林省长春市福祉大路 5788 号（130118）
印　刷	北京昌联印刷有限公司
版　次	2023 年 7 月第 1 版
印　次	2023 年 7 月第 1 次印刷
开　本	787 mm×1092 mm　1/16
印　张	10.25
字　数	219千字
书　号	ISBN 978-7-5731-3851-4
定　价	76.00元

前　言

　　企业财务管理工作应顺应时代的变革，是企业在未来的市场竞争中立于不败之地的重要保证。借助大数据进行企业财务管理转型，需考虑到大数据的特征、紧抓大数据时代带来的机遇、直面大数据时代的各种挑战，采用科学可行的策略。大数据时代的到来为企业运营发展带来新的机遇与挑战，企业只有及时转变自身观念，充分利用相关技术，才能不断提高企业自身竞争力，从而实现企业的长远稳定发展。由于财务管理涉及较多数据，且与企业生产经营有着密切联系，企业的财务管理工作应顺应时代的变革，将转型提上日程。

　　笔者就此进行了深入研究，旨在推动企业财务管理工作科学化，提升企业财务管理工作水平。本书首先介绍了大数据与企业财务管理的概念界定与理论基础，并分析了财务管理与大数据的基本关系；其次详细地分析了大数据对企业财务管理的影响、大数据时代企业投资决策的转型与对策研究；再次系统地探讨了大数据时代企业财务风险预警与管理的转型与对策；最后在大数据时代企业战略管理的转型与对策方面做出了总结和研究。

　　笔者在撰写的过程中得到了广大同事的帮助，也参考了许多同行及相关领域专家的文献资料，在此表示衷心的感谢！由于水平有限，时间较为仓促，书中难免有遗漏或不足之处，敬请广大读者和专家提出宝贵意见。

目 录

第一章 概念界定与理论基础

第一节 大数据的相关概念及理论基础

一、大数据的产生与发展

（一）大数据产生的背景

大数据似乎是在一夜之间悄然而至，并迅速走红。大数据在 2012 年进入主流大众的视野，人们把 2012 年称为"大数据的跨界年度"。经过各方面的分析，大数据之所以进入人们的视野，缘于三种趋势的合力。

第一，随着互联网的发展，许多高端消费公司为了提供更先进、更完美的服务，加大了对大数据的应用。

比如"脸书"就使用大数据来追踪用户，然后通过"搜索和识别你所熟知的人"，给出好友推荐建议。用户的好友数目越多，他对"脸书"的信任度就越高。好友越多，同时也就意味着用户分享的照片越多，发布的状态更新越频繁，玩的游戏也越多样化。后文会提到，"脸书"因此在和同行的竞争中占得先机。

商业社交网站领英则使用大数据为求职者和招聘单位建立关联。有了领英，猎头公司就不再需要对潜在人才进行烦琐的识别和访问。只需一个简单的搜索，公司就可以找到潜在人才，并与他们取得联系。同样，求职者也可以通过联系网站上的其他人，将自己推销给潜在的人力资源负责人，入职自己中意的公司。

杰夫·韦纳是领英的首席执行官，他在谈到该网站的未来发展时提到一个经济表，这是一个能实时识别"经济机会趋势"的全球经济数字表。他说，实现该表及其预测能力时所面临的挑战就来自大数据。

可以看出，大家都在利用大数据创造效益，反过来，利用大数据的人就成了催生大数据时代到来的力量之一。

第二，人们在无形中纷纷为大数据投资。

还是以实际的公司为案例。"脸书"与领英两家公司都是在 2012 年上市的。"脸书"在纳斯达克上市，领英在纽约证券交易所上市。从表面上来看，谷歌和这两家公司都是消费品公司；而实质上，它们都是利用大数据"吃饭"的企业。除了这两家公司以外，Splunk 公司（一家为大中型企业提供运营智能的大数据企业）也在 2012 年完成了上市。这些企业的公开上市使得华尔街对大数据业务的兴趣非常浓厚。因此，硅谷的一些风险投资家开始前赴后继地为大数据企业提供资金，这给大数据提供了前所未有的发展良机。大数据将引发下一波重大转变，在这场转变中，硅谷有望在未来几年取代华尔街。

作为"脸书"的早期投资者，加速合伙公司在 2011 年底宣布为大数据提供一笔不小的投资；2012 年初，加速合伙公司支出了第一笔投资。著名的风险投资公司格雷洛克合伙公司也针对这一领域进行了大量的投资。

第三，商业用户和其他以数据为核心的消费产品，也开始期待以一种同样便捷的方式来获得大数据的使用体验。

我们在网上看电影、买产品——这些已经成为现实。既然互联网零售商可以为用户推荐一些阅读书目、电影和产品，为什么这些产品所在的企业却做不到呢？举个例子说，为什么房屋租赁公司不能明智地决定将哪一栋房屋提供给租房人呢？毕竟，该公司拥有客户的租房历史和现有可用租房屋库存记录。随着新技术的出现，公司不仅能够了解到特定市场的公开信息，还能了解到有关会议、重大事项及其他可能会影响市场需求的信息。通过将内部供应链与外部市场数据相结合，公司可以更加精确地预测出可租的房屋类型和可用时间。

类似地，通过将这些内部数据和外部数据相结合，零售商每天都可以利用这种混合式数据确定产品价格和摆放位置。通过考虑从产品供应到消费者的购物习惯这一系列事件的数据（包括哪种产品卖得比较好），零售商就可以提升消费者的平均购买量，从而获得更高的利润。所以，商业用户也成了推动大数据发展的动力之一。

从我们所举的例子来看，好像是少数的几家公司推动了大数据的产生，的确是这样。但总的来说，大数据的产生既是时代发展的结果，也是利益驱使的结果。当然，那些小公司的发展，乃至个人的服务需求也在为大数据的产生添砖加瓦，只是单个个体的效果不明显，但反映在整个大数据产业中依然是巨大的，其中的道理不再多说了。

（二）大数据的发展背景

早在 2010 年 12 月，美国总统办公室下属科学技术顾问委员会（PCAST）和信息技术顾问委员会（PITAC）向奥巴马和国会提交了一份有关《规划数字化未来》的战略报告，把大数据收集和使用的工作提升到体现国家意志的战略高度。报告列举了 5 个贯穿各个科技领域的共同挑战，而第一个最重大的挑战就是"数据"问题。报告指出，"如何收集、保存、管理、分析、共享正在呈指数增长的数据是我们必须面对的一个重要挑战"。报告建议，"联邦政府的每一个机构和部门，都需要制定一个'大数据'的战略"。2012年3月，美国总统奥巴马签署并发布了一个"大数据研究发展创新计划"（Big Data R&D Initiative），由美国国家自然基金会（NSF）、卫生健康总署（NIH）、能源部（DoE）、国防部（DoD）等六大部门联合，投资2亿美元启动大数据技术研发，这是美国政府继1993年宣布"信息高速公路"计划后的又一次重大科技发展部署。美国白宫科技政策办公室还专门支持建立了一个大数据技术论坛，鼓励企业和组织机构间的大数据技术交流与合作。

2012年7月，联合国在纽约发布了一本关于大数据政务的白皮书——《大数据促发展：挑战与机遇》，全球大数据的研究和发展进入了前所未有的高潮。这本白皮书总结了各国政府如何利用大数据响应社会需求，指导经济运行，更好地为人民服务，并建议成员国建立"脉搏实验室"（Pulse Lab），挖掘大数据的潜在价值。

由于大数据技术的特点和重要性，目前国内外已经出现了"数据科学"的概念，即数据处理技术将成为一个与计算科学并列的新的科学领域。已故著名图灵奖获得者吉姆·格雷在2007年的一次演讲中提出，"数据密集型科学发现"（Data-Intensive Scientific Discovery）将成为科学研究的第四范式，科学研究将从实验科学、理论科学、计算科学，发展到目前兴起的数据科学。

为了紧跟全球大数据技术发展的浪潮，我国政府、学术界和工业界也对大数据予以了高度的关注。央视分别于2013年4月14日和21日邀请《大数据时代——生活、工作与思维的大变革》作者维克托·迈尔－舍恩伯格，以及美国大数据存储技术公司LSI总裁阿比做客"对话"节目，做了两期大数据专题谈话节目"谁在引爆大数据""谁在掘金大数据"，央视媒体对大数据的关注和宣传体现了大数据技术已经成为国家和社会普遍关注的焦点。

而国内的学术界和工业界也都迅速行动，广泛开展大数据技术的研究和开发。2013年以来，国家自然科学基金、973计划、核高基、863等重大研究计划都已经把大数据研究列为重大的研究课题。为了推动我国大数据技术的研究发展，2012年中国计算机学会（CCF）发起组织了CCF大数据专家委员会，CCF专家委员会还特别成立了一个"大数据技术发展战略报告"撰写组，并已撰写发布了《2013年中国大数据技术与产业发展白皮书》。

大数据在带来巨大技术挑战的同时，也带来巨大的技术创新与商业机遇。不断积累的大数据包含着很多在小数据量时不具备的深度知识和价值，大数据分析挖掘将能为行业或企业带来巨大的商业价值，实现各种高附加值的增值服务，进一步提升行业或企业的经济效益和社会效益。由于大数据隐含着巨大的深度价值，美国政府认为大数据是"未来的新石油"，将给未来的科技与经济发展带来深远影响。因此，在未来，一个国家拥有数据的规模和运用数据的能力将成为综合国力的重要组成部分，对数据的占有、控制和运用也将成为国家间和企业间新的争夺焦点。

大数据的研究和分析应用具有十分重大的意义和价值。被誉为"大数据时代预言家"的维克托·迈尔-舍恩伯格在其《大数据时代》一书中列举了大量翔实的大数据应用案例，并分析预测了大数据的发展现状和未来趋势，提出了很多重要的观点和发展思路。他认为"大数据开启了一次重大的时代转型"，指出大数据将带来巨大的变革，改变我们的生活、工作和思维方式，改变我们的商业模式，影响我们的经济、政治、科技和社会等各个层面。

由于大数据行业应用需求日益增长，未来越来越多的研究和应用领域将需要使用大数据并行计算技术，大数据技术将渗透到每个涉及大规模数据和复杂计算的应用领域。不仅如此，以大数据处理为中心的计算技术将对传统计算技术产生革命性的影响，广泛影响计算机体系结构、操作系统、数据库、编译技术、程序设计技术和方法、软件工程技术、多媒体信息处理技术、人工智能以及其他计算机应用技术，并与传统计算技术相互结合产生很多新的研究热点和课题。

大数据给传统的计算技术带来了很多新的挑战。大数据使得很多在小数据集上有效的传统的串行化算法在面对大数据处理时难以在可接受的时间内完成计算；同时大数据具有较多噪声、样本稀疏、样本不平衡等特点，使得现有的很多机器学习算法有效性降低。因此，微软全球副总裁陆奇博士在2012年第一届"中国云/移动互联网创新大奖赛"颁奖大会主题报告中指出，"大数据使得绝大多数现有的串行化机器学习算法都需要重写"。

大数据技术的发展将给研究计算机技术的专业人员带来新的挑战和机遇。目前，国内外IT企业对大数据技术人才的需求正快速增长，未来5~10年内业界将需要大量的掌握大数据处理技术的人才。IDC研究报告指出，"下一个10年里，世界范围的服务器数量将增长10倍，而企业数据中心管理的数据信息将增长50倍，企业数据中心需要处理的数据文件数量将至少增长75倍，而世界范围内IT专业技术人才的数量仅能增长1.5倍"。因此，未来10年里大数据处理和应用需求与能提供的技术人才数量之间将存在一个巨大的差距。目前，由于国内外高校开展大数据技术人才培养的时间不长，技术市场上掌握大数据处理和应用开发技术的人才十分短缺，因而这方面的技术人才十分抢手，供不应求。国内几乎所有著名的IT企业，如百度、腾讯、阿里巴巴、奇虎360等，都需要大量大数据技术人才。

二、大数据的定义与特点

（一）大数据的定义

随着社会化网络的兴起以及云计算、移动互联网和物联网等新一代信息技术的广泛应用，全球数据量呈现出前所未有的爆发增长态势。大数据带来的信息风暴正在逐渐改变我们的生活环境、工作习惯和思维方式。我们看到在商业、经济、医药卫生及其他领域正日益基于数据和分析做出决策，而并非仅仅基于经验和直觉。大数据是近年来科学研究的核心所在，其已成为信息时代新阶段的标志，是大型信息系统和互联网的产物，是实现创新驱动发展战略的重要机遇。大数据的发展与应用，将对社会的组织结构、国家治理模式、企业的决策机构、商业的业务策略以及个人的生活方式产生深刻的影响。2012 年 3 月，美国政府将"大数据战略"提升为最高国家发展策略，将大数据定义为"新石油"，把对数据的占有与控制作为陆海空权之外的新国家核心能力。

对于"大数据"（Big data），研究机构 Gartner 给出了这样的定义：大数据（Big Data，Mega Data）是指那些需要利用新处理方法才能通过数据体现出更强决策力、洞察力和流程优化能力的海量、高增长率和多样化的信息资产。

从认识论的角度来说，科学始于数据。人类历史上的大数据，源于科技领域，确切地说源于大科学研究。位于瑞士的欧洲核子研究中心由全球逾 8000 位物理学家合作兴建的大型强子对撞机，2008 年试运行后，数据量即达 25PB/ 年，2020 年建成后达 200PB/ 年，因此他们率先创建了"大数据"的概念。旨在测定人类基因组 30 亿个碱基遗传密码的基因组计划，在进行个体基因组测定时，数据量即已高达 13PB/ 年。而此计划后，学界受其鼓舞开展了一系列遗传背景迥异、不同疾病群体以及大量其他物种的基因组测序，数据量迅速逼近 ZB 级（是 PB 的百万倍），不约而同地创造了"大数据"概念。今天人们常用的互联网最初就是这些领域的科学家为解决海量数据传输而发明的。

传统哲学认识论是以人为主体，而在大数据背景下的认识论主体发生了分化，即认识论主体的意向方和实施方分离，意向方仍然是人类，而实施方由人类变成了机器，意向方和实施方各自承担着自己的需求职责，认识的动机和目的发生了相应的变化，任何人只关注对自己有用的信息，而机器提供可视化分析，形成大数据认知外包的特性。

大数据通过海量数据来发现事物之间的相互关系，通过数据挖掘从海量数据中寻找蕴藏其中的数据规律，并利用数据之间的相互关系来解释过去、预测未来，从而实现新的数据规律对传统因果规律的补充。大数据能预测未来，但作为认识论主体意向方的人类只关注预测的结果，而忽视了预测的解释，这就造成了预测能力强、解释能力弱的局面。

大数据模型和统计建模有本质的区别。就科学研究中的地位来说，统计建模经常是经验研究和理论研究的配角和检验者；而在大数据的科学研究中，数据模型就是主角，模型承担了科学理论的角色。就数据类型来说，统计建模的数据通常是精心设计的实验数据，具有较高的质量；而大数据中是海量数据，往往类型繁多，质量参差不齐。就确立模型的过程来说，统计建模的模型是根据研究问题而确定的，目标变量预先已经确定好；大数据中的模型则是通过海量数据确定的，且部分情况下目标变量并不明确。就建模驱动不同来说，统计建模是验证驱动，强调的是先有设计再通过数据验证设计模型的合理性；而大数据模型是数据驱动，强调的是建模过程以及模型的可更新性。

大数据思维是指一种意识，认为公开的数据一旦处理得当就能为千百万人急需解决的问题提供答案。量化思维：大数据是直觉主义到量化思维的变革，在大数据量化思维中一切皆是可量化的，大数据技术通过智能终端、物联网、云计算等技术手段来"量化世界"，从而将自然、社会、人类的一切状态、行为都记录并存储下来，形成与物理足迹相对应的数据足迹。全局思维是指大数据关注全数据样本，大数据研究的对象是所有样本，而非抽样数据，关注样本中的主流，而非个别，这表征大数据的全局和大局思维。开放共享、数据分享、信息公开在分享资源的同时，也在释放善意，取得互信，在数据交换的基础上建立合作，这将打破传统的封闭与垄断，形成开放、共享、包容、合作思维。大数据不仅关注数据的因果关系，更多的是相关性，提高数据采集频度，而放宽了数据的精确度，容错率提高，用概率看待问题，使人们的包容思维得以强化。关联思维、轨迹思维：每一天，我们的身后都拖着一条由个人信息组成的长长的"尾巴"。我们点击网页、切换电视频道、驾车穿过自动收费站、用信用卡购物、使用手机等行为——这些过去完全被忽略的信息——都通过各种方式被数据化地记录下来，全程实时追踪数据轨迹，管理数据生命周期，保证可靠的数据源头、畅通的数据传递、精准的数据分析、友好可读的数据呈现。预测思维：预测既是大数据的核心，也是大数据的目标。

从技术上理解，大数据是一次技术革新，对大数据的整合、存储、挖掘、检索、决策生成都是传统的数据处理技术无法顺利完成的，新技术的发展和成熟加速了大数据时代的来临，如果将数据比作肉体，那技术就是灵魂。大数据时代，数据、技术、思维三足鼎立。《大数据时代》作者维克托·迈尔－舍恩伯格认为大数据使我们真正拥有了决定性的价值资源，它是新的黄金。这里值得注意的是，大数据的意义不在于掌握海量的数据，而是通过数据挖掘等手段对其进行专业的分析来实现数据的"增值"。

大数据可分成大数据技术、大数据工程、大数据科学和大数据应用等领域。目前人们谈论最多的是大数据技术和大数据应用。工程和科学问题尚未引起重视。大数据工程指大数据的规划建设、运营管理的系统工程；大数据科学关注大数据网络发展和运营过程中发现和验证大数据的规律，以及其与自然和社会活动之间的关系。

物联网、云计算、移动互联网、车联网、手机、平板电脑、PC以及遍布地球各个角落的各种各样的传感器，无一不是数据来源或者承载的方式。

核心价值在于对海量数据进行存储和分析。相比现有的其他技术而言，大数据的"廉价、迅速、优化"三个方面的综合成本是最优的。大数据必将是一场新的技术信息革命，我们有理由相信未来人类的生活、工作也将随大数据革命而产生革命性的变化。

（二）大数据的特点

数据分析需要从纷繁复杂的数据中发现规律并提取新的知识，是大数据价值挖掘的关键。经过数据的计算和处理，所得的数据便成为数据分析的原始数据，根据所需数据的应用需求对数据进行进一步的处理和分析，最终找到数据内部隐藏的规律或者知识，从而体现数据的真正价值。大数据的分析技术必须紧密围绕大数据的特点开展，只有这样才能确保从海量、冗杂的数据中得到有价值的信息。

维克托·迈尔–舍恩伯格及肯尼斯·库克耶编写的《大数据时代》中，大数据一般具有 4V 特点：Volume（大量）、Velocity（高速）、Variety（多样）、Value（价值）。具体来讲，大数据具有以下特点。

1. 数据体量巨大

大数据通常指 10 TB（1 TB=1024 GB）规模以上的数据量。之所以产生如此巨大的数据量，一是由于各种仪器的使用，使用户能够感知到更多的事物，从而这些事物的部分甚至全部数据就可以被存储下来；二是由于通信工具的使用，使人们能够全时段地联系，机器–机器（M2M）方式的出现，使得交流的数据量成倍增长；三是由于集成电路价格降低，使很多电子设备都拥有了智能模块，因而这些智能模块的使用依赖或产生大量的数据存储。

2. 流动速度快

数据流动速度一般是指数据的获取、存储以及挖掘有效信息的速度。计算机的数据处理规模已从 TB 级上升到 PB 级，数据是快速动态变化的，形成流式数据是大数据的重要特征，数据流动的速度快到难以用传统的系统去处理。

3. 数据种类繁多

随着传感器种类的增多以及智能设备、社交网络等的流行，数据类型也变得更加复杂，不仅包括传统的关系数据类型，也包括以网页、视频、音频、E-mail、文档等形式存在的未加工的、半结构化的和非结构化的数据。

4. 价值密度低

数据量在呈指数增长的同时，隐藏在海量数据中的有用信息却没有以相应比例增长，反而使获取有用信息的难度加大。以视频为例，连续的监控过程中，可能有用的数据仅有一两秒。大数据"4V"特征表明其不仅仅是数据海量，对于大数据的分析将更加复杂，更追求速度，更注重实效。

三、数据的整合管理与使用

（一）数据的收集

大数据时代，要想使用大数据，首先要做的是收集大量数据，但收集数据并非仅是把收集过来的数据放到硬盘里面那么简单，更重要的是对数据进行分类、存放及管理。不然就如同一个储藏很多物品的储藏室——放东西进去的时候很轻松，但是要知道哪些东西有用，或者要拿出有用的东西就不那么简单了，甚至可能再也找不到。对于数据的认知，完全取决于我们是否拥有认知自己所拥有数据的能力，是否筛选出到底什么是核心数据，到底什么数据会被我们频繁地使用。这就要求我们学会如何去收集数据。

我们盲目地进行大数据投资，收集越来越多的数据。但是，令人沮丧的是，这些却是"死"数据。那么，什么是"死"数据呢？"死"数据就是单纯存储在数据库中，无法进行分析和使用，并且不能够产生价值的数据。"死"数据不是真死，可以将其激活。那么，如何激活这些"死"数据，让整个大数据"活"起来，并成为实践中的牵引力呢？答案就是：收集是第一步，收集后通过甄别，选出有用的数据，将它用起来。

数据的价值在于使用，而非存储。就像储藏室里的物品，假如你不会将其中有用的东西拣选出来使用，你储藏的东西再多也是没有价值的。所以，我们在储藏物品的时候，一是储藏有使用价值的物品，二是将其拿出来使用。于是，如何收集物品就成了一门学问。数据的收集和物品的收集有异曲同工之妙。

人们发现，大数据的真正价值是将数据用于形成主动收集数据的良性循环中，以带动更多的数据进入自循环中，并应用于各个行业。什么是数据的自循环呢？

举个最简单的例子来说，现在很多网站都有推荐功能，很多推荐出来的东西，不论是音乐、视频，还是商品，都可以让用户来选择"喜欢"或者"不喜欢"，这样一来，企业就可以通过用户的选择基于计算机后台的算法为用户重新推荐，这就变成了一个循环——从基于已有的数据进行"分析—推荐—反馈—再推荐"的过程。当然，自循环还远不止这一种形式。多样的自循环方式打开了大数据之门，而进入这个循环的关键就是，从解决问题出发。在数据的自循环中，有两个核心关键点：一个是"活"做数据收集，另一个是"活"看数据指标。

比如，多年来，很多企业因无法建立数据收集的循环，致使其运营数据更多地建立在直觉的判断和分析基础之上。当面对周围海量的消费者数据时，充满了危机的大数据更难为企业的运作提供清晰的思路。对数据无从下手成为企业在大数据时代的核心短板。这时，如果没有找出相关的关键解决方法，企业就会在由海量数据构成的新兴市场中错失发展良机。

1. "活"做数据收集

所谓"活"做数据收集，就是指用户不要局限于只收集自己用户产生的数据，还要把"别人"的数据收集过来进行综合分析。

前面提到过，数据收集，一方面是"自己用"——用其他外面的数据来增加自己手上数据的精准度，为我所用；另一方面是"给别人用"——把我的数据贡献给很需要我的数据的人，从而提高他的数据的精准度。

在很多年前，亚马逊就主动去收集用户的 IP 地址，然后从 IP 地址破译出用户所处位置的附近多少千米内有书店。工作人员从收集到的数据中了解到，一个人是否选择在网上买书，取决于他的附近有没有书店。亚马逊主动收集数据，即通过收集一个外部数据，来帮助自身判断线下是否存在潜在的竞争对手。京东也是这样，他们收集客户浏览商品的数据，然后将相关产品推荐给客户。一个企业在做数据收集的时候，并不总是能够直接收集到所需要的关键数据，这时候就需要变通。

做大数据收集，有时候需要更多的灵活变通。亚马逊的案例的确经典，不知道京东是不是借鉴了其做法，因为二者都找到了消费者购买决策链条中的一个关键点。每个人都知道在收集消费者数据时最好是观察直接用户。但如果没有这个数据，你需要观察什么数据？答案就是，去观察行业内对这个数据最敏感的那些人，这样也能让你获得成功的密码。

生活中其实也有这样的例子，李嘉诚说，如果你想知道香港的某家酒楼生意好不好，你问问门口卖报纸的人就知道了——香港人喜欢去喝茶的时候买一份报纸。其实，这个规律不是李嘉诚观察到的，而是香港税务局发现的。如果香港税务局怀疑酒楼虚报营业额的话，就可以通过直接去查卖报纸的商家卖了多少份报纸来判断，这是一个非常有趣却很实际的灵活收集用户数据的案例。

"活"做数据收集，就是要跳出既定思维的框架，从相关联的行业和业务中去收集能够为现在所用的数据，找到能够更好地佐证企业现有业务决策和发展的数据。而"活"做数据收集的一大好处，就是能够规避现有数据框架的弊端，更好地反映用户的实际需求和市场的实际情况。

2. "活"看数据指标

"活"看数据指标就是指企业不要局限于已有的数据框架，而应该结合用户需求的不同场景来灵活应用收集到的"活"数据。我们不仅要灵活地收集数据，还要注意到，数据收集只是第一步，如果不让数据"活"起来，仅仅是把收集的数据简单堆砌在一起，是没有意义的。

举个例子说，我们在京东购买商品的时候，或在某个网站注册时，他们会要求用户填写自己的性别。假如一个人填写的性别是男性，但分析这个人的购买行为时发现，很多时候他的账户在告诉网站，这些商品的目标客户并不是他自己，因为这个人也会为他的妻子和父母买东西。

当收集到的这些数据不能为企业所用时，企业就永远不知道关于这个人的这个数据原来是不准确的。这些数据好像是准确地描述了这个人的性别，但是却不能很准确地描述这个人的搜索和购物行为，因为他可能会为他的老婆买一包卫生巾或一套化妆品。

在梳理阿里巴巴的数据时，阿里巴巴会有 18 个性别标签。听上去这很不可思议。你肯定会想，阿里巴巴是不是疯了，为什么凭空造出了这么多的性别？事实上，每一个性别表现都并非看上去那么简单，因为它的分类是基于用户在不同场景中的不同表现而做出的。这就揭示了一个问题，我们每个人都不会只呈现出简单的一面，比如在安静时和在人前时，我们就会表现出不一样的自我。不同的性别标签其实就是应用了这一原理：同样的人在搜索商品时可能会表现出不一样的行为特点，而这些不一样的行为特点就是笔者所说的场景，结合场景应用数据就是"活"用数据。其实，有多少个性别、标签并不重要，重要的是如何让用户在不同的场景中获得更好的服务，而这都是基于这些"活"数据。

亚马逊一直在自己的商业活动中应用这个理论。一直以来，亚马逊就使用动态数据模型：用"历史的你"去推测"现在的你"。所以，它相信今天登录网站的你有什么需要与兴趣，比起历史的"你"来说更重要。

"活"用数据，就是你能否看出这个数据本身的局限是什么。一方面，是数据为用户体验改善了什么；另一方面，企业在使用数据时，对活数据的运用解决了什么问题，或者创造了什么机会。要牢牢记住，活用数据很重要。

"活"的数据是"活"用数据的精髓所在。企业能够基于场景和相关的"活"数据将数据应用发挥出最大的价值，那么新的商业模式的开创也就会在不远的将来成为可能。

（二）数据的整合管理

1. 数据的存放和管理

对于数据的收集而言，最重要的不是看我们收集了什么数据，而是要思考这些数据如何使用以及收集这些数据到底能够起到什么作用。用一句话来说，就是收集数据不是目的，收集起来的数据如何产生价值才是最终的目标。不过，如何收集在未来具有价值的数据的确是一个难题，当中就需要一些经验的判断了。

数据存储下来之后，数量和广度都很大，就需要对其进行完善的管理。数据管理的内容包括很多方面，比如，数据的来源、如何让数据不丢失、如何保护数据的安全、如何让数据准确和稳定以及如何更好地运用数据，这些都是数据运营中的"管"。但是，"管"并没有一个标准可循。大数据管理到底要怎么做？目前还没有准确答案。

其实，对于数据的管理，整个大数据行业和其他行业一样都经历过很多起起落落。就数据而言，在 2004 年左右，美国的一些数据管理经验在国内造成了很大的轰动，很多公司纷纷建立 BI 团队。但是到了 2009 年左右，各公司又开始不完全认同 BI 数据部门。但也正是在那个时候，国内顶尖互联网公司的数据化运营开始启动。

有些公司的数据管理非常依赖数据产品，希望用数据产品来解决获取及使用数据的问题。有人认为"不管怎么样，我们先收集数据，将来肯定有用"，其实这是不妥的，因为没有一家数据运营商可以让你无止境地收集数据，然后再使用，这根本是不现实的。

而这就是"不做决定的代价"。因为，在这个世界上，有一些决定是我们一定要做的。从运营数据的角度来说，如果我们只收集数据而不做分析和应用的话，代价就是很沉重的存储成本。这种存储成本的代价是巨大的。即便是一家富有的公司，即便是它的机器比较多，也只能短时间地延续这种损失。因为不管你有多少机器，这些数据都在呈指数式增长，当提到怎么备份时，问题就出来了。在这种情况下如何备份？此时，我们必须决定什么东西需要先备份，什么东西可以先放在"冷库"里。"冷库"的意思是一些成本比较低的服务器，但是放在"冷库"中的数据不能随时使用，需要调出来才可以使用。

针对这种情况，有人说，我们仅把 3 年前的数据都放进去吧，够吗？答案就是：还是太多了。有人说，那我们可以把一年半以前的数据都放进去吧？不行，因为用数据观察业务发展趋势的分析师一般都要看 3 年的数据，所以这种做法也不现实。

在面对"决定放什么数据进'冷库'"和"决定什么数据在紧急情况下一定要保护"的问题时，你会发现以前我们所讲的观点——数据先收集起来，将来再使用，完全是一个伪命题。之前从来没有人对这个伪命题表示过异议，无论银行，还是金融机构，甚至以前的互联网公司。而当大数据出来后，这个观点就成了一个借口、一个伪命题。这是一个很难下的决定，但这就是你必须做的决定。如果在以后发现你需要的数据，的确没有得到提前保存的话，那就只能错失这一发展机会了。事实上，这是企业的博弈。

或许有人会问，一家企业并不需要从事所有的商业，为什么所有的数据都要收集呢？事实就是这样，这是数据人在管理上的不负责任，平心而论，这个责任也非常难承担。

很多大公司正在数据管理这条路上学习，而当前我们面临着很多以往不曾遇见的问题。比如，我们是应该在各个部门里运作，还是集中管理数据？我们是应该在数据安全的前提下更开放，让更多人找到数据的价值，还是应该更封闭，让泄露数据的可能性更小？另外，个人隐私怎样去保护？我们怎样才能成为一家负责任的数据管理公司？这些都是很有代表性的难题。

现在，大型的互联网公司通常都同时拥有成百上千种正在开发的项目，它们都在直接或间接地改变着数据，而在这种情况下，又如何保障数据安全？事实上，数据的源头已经"脏"了，而下游使用数据的人还不知道；同时，源头的数据使用者也没有责任告诉下游这些数据已经"脏"了。所以，如果你数据使用得不好，这对你的发展影响也不会很大。但是如果你数据使用得好，而且将它作为公司的核心竞争力，那么你的麻烦就大了。因为你的数据源本就来自各个地方，而每一个来源都没有责任告诉你从哪儿来的数据是正常的和可靠的。特别是大数据出现后，数据精准与否更加重要。因为大数据在很多情况下，是利用外部数据来帮助内部数据进行调整的，如果你的内部数据难以保证"干净"的话，那么外部数据同样无法保证"干净"。

数据管理，是大数据行业的"脏活""苦活"和"累活"，是最难解决的事情。如果没有这些背景做铺垫，人们对很多公司在做的所谓的大数据的运营就会持怀疑态度了。

2. 数据的归类整理

权威的数据公司从数据分类的角度将数据分为以下四种。

（1）按照是否可以再生的标准，可以分为不可再生数据和可再生数据。不可再生数据通常就是最原始的数据，比如用户在访问网站时，浏览记录会追踪用户的行为，如果当时没有被记录下来，就没有其他数据来还原用户的行为了。这个有点像拿着相机拍闪电，抓拍很重要，一旦错过，闪电就不可能再重复刚才那一瞬间的光影了。因此，对于用户日志类等不可再生数据而言，必须有很完善的保护措施和严格的权限设置。现在，很多系统都有备份多份数据的功能，理想情况应该是，因为磁盘损坏而造成数据丢失的案例越来越少。但是，因为系统升级失败和误操作等造成的数据丢失在各家公司都屡见不鲜，见怪不怪了。

可再生数据就是通过其他数据可以生成的数据，原则上，指标类数据的衍生数据都是可再生的——只要原始的不可再生数据还在，就可以通过重新运算来获得。不过千万不能因为"可再生"这个词语的存在，就对可再生数据不重视。有些可再生数据是通过很长时间的积累不断加工而成的，是长时间从海量数据中计算出来的。比如，对某个用户在数个月内的连续购买行为产生的规律，如果未做保护，虽然仍然可再生，但是再生的时间却会给企业带来问题。因为即便对于有顶尖计算能力的公司来讲，都可能是数日，甚至是数周、数月，而这个时间过程可能就会对公司的某一项核心业务造成毁灭性的打击。

对于不可再生的数据而言，已有的数据要严格保护，想要但是还没有的数据就要及早收集。举个例子，很多电子商务网站是不关注客户在商品详情页面有没有做滚屏操作的。如果这一类型的数据没有被记录下来，企业就无从知道详情页的有效性。当商品页面进行改版，需要对此类数据进行参考时，就没有办法来获得相应的数据支持，最后能做的就只能是等待在页面上进行布点开发，等待数据收集到之后再进行决策，这就造成了决策的延误。

对于可再生数据而言，要及早做好业务的预判和数据处理的规划，这样一来，数据在需要的时候就能够快速地获得应用，人们把这一数据称为数据中间层。

（2）按照数据所处的存储层次看，可以分为基础层、中间层和应用层

从数据的存储角度来说，数据有很多层次。基础层通常与原始数据基本一致，也就

是仅仅存储最基本的数据，不做汇总，以尽量避免失真，从而用作其他数据研究的基础；中间层是基于基础层加工的数据，通常也被认为是数据仓库层，这些数据会根据不同的业务需求，按照不同的主体来进行存放；应用层则是针对具体数据问题的应用，比如，作为解决具体问题的数据分析和数据挖掘的应用层的数据。

在存储层这个层面上，最大的问题就是数据的冗余和管理的混乱。尤其是对于一些拥有海量数据的大公司而言，数据的冗余问题尤为严重，由此造成了大量的浪费。

在大公司中，进行数据分析、开发、挖掘的可能有数十甚至是数百人，这些人可能归属于不同的业务团队，为了满足不同的业务各自分析数据应用。这样一来，不同的人可能都从头开始建立起了一套包含基础层、中间层和应用层的数据，而彼此之间又没有合适的交流方式，也就造成了工作的浪费。那是不是应该把所有的数据都进行更好的归纳或者管理呢？任何管理方法，无论是集中式管理，还是分散式管理，都各有利弊，而且人和业务多了之后，企业也很难进行集中式管理。专家给出的建议是，基础层必须统一，因为这是最基本的数据，而且基本数据是原始数据。除了备份的需求外，没有必要在各个场合保留多份数据。只要保证这个数据有良好的原数据管理方式，就能极大地降低成本。而对于中间层和应用层而言，则要视具体情况而定：如果公司的业务相对单一但成本压力比较大，则建议集中式管理；如果公司的业务量非常大，则可以由多个数据团队来进行分散式管理和应用，以保证基础层单位有最高的灵活性。

（3）按照数据业务归属，可以分为各个数据主体

按照业务归属分类的意思就是，将数据按照不同的业务主体分门别类地进行归纳。就好像仓库一样，将不同的物料分类存放，可以提高其使用和管理的效率。按照业务归属分类的数据在不同公司可能体现出不同的内容，平台型电商可以分为交易类数据、会员类数据、日志类数据等。交易类数据是指平台型电商的订单流水，其中包含了买家、卖家在什么时间成交了什么商品；会员类数据记录了买家、卖家的身份信息，如注册时间、身份号码、信用等级等信息；日志类数据则更多的是指用户的行为，即哪个用户在什么时间段访问了平台的什么页面、点击了什么按钮等。

对于数据的分类则主要根据业务特点进行归类，并没有一个特别的硬性规定。总体的原则就是让数据的存储空间更少，分析及挖掘的过程更简单、快捷。

（4）按照是否为隐私来区分，可以分为隐私数据和非隐私数据

顾名思义，隐私数据就是需要有严格的保密措施来保护的数据，否则会对用户的隐私造成威胁。用户的交易记录属于隐私类数据，对于一家有着良好数据管理机制的公司而言，通常的管理方法是对数据的隐私级别进行分层，数据从安全的角度可以进行两种类型、四个层次的数据分层。两种类型就是企业级别和用户级别。企业级别的数据，包括交易额、利润、某大型活动的成交额等；用户级别的数据就像刚才提到的身份号码、密码、用户名、手机号码等。四个层次是对数据进行分类，分别有公开数据、内部数据、

保密数据、机密数据。

当然，也有隐私数据保护得不好的企业，之前很多隐私泄露的案例都对用户造成了很大的损害。比如，某些网站几十万的酒店入住信息泄露、数百万的密码泄露等都是类似的事故。随着拥有大量数据的网站和公司越来越多，数据安全就越来越成为一个核心点，需要投入专门的人和专门的团队来进行数据安全的管理。而数据安全工作的推动，初期往往会受到一线员工的反对，因为任何一个安全系统都意味着已有的权限被收回，也会因为改变工作方法而降低效率。所以，拥有大数据的企业高管必须关注数据安全，否则数据越大，对"恶人"的吸引力就越大，最终对用户和公司造成损失的风险也就越大。

（三）数据的使用

从使用数据的角度来说，电商行业就有很多值得其他行业借鉴的地方，可以让数据真正地使用起来，并且产生实际的商业价值。

不同的运营商对数据有不同的用法，这里，让我们以电商为例，看看他们是如何运用数据的。首先来看现在电商的背景，不论是以阿里为代表的平台型电商，还是以京东为代表的自营型电商，或者以1号店为代表的垂直类电商，它们的一个共同特点就是商品非常丰富，商品数量动辄就是百万千万级，而平台类型电商的商品数量可能更多。

对于消费者来说，进入一个电商网站的首页并不需要看到那么多的商品，如果消费者有明确的购物诉求，那么可能会直接进入电商网站的搜索引擎开始寻找商品；如果没有明确的诉求，则可能是在电商网站提供的类目和活动等区域随意寻找。这个时候问题就来了：页面内容是有限的，消费者的时间是有限的，消费者的需求是有偏好的，但是商品量非常大，电商的目标又是能够通过闲逛让消费者产生成交额，那么，如何找到合适的商品放在首页就成了问题的关键。

面对这样的问题，专家给出的解决方案是通过一套数据中间层，来生成用户在特定市场的个性化标签。电商企业不同类目运营的员工通过算法或者人工选品来实现用户标签和商品的匹配，从而实现用户"逛"的效率最优，进而提高用户由游逛到购买的转化率。建立标签，简单地说就是通过数据的分析来对用户的偏好进行描述，建立标签通常有以下三种方法。

一是通过业务规则结合数据分析来建立标签。这一类型的标签和业务人员的经验紧密结合，这里可以举几个例子，以便对这类标签的设置有更加直观的感觉。

比如，业务人员可以判断出购买某一个具体车型的人可能就拥有这款车，此时，就可以通过数据进行分类，把用户分为不同类型的车主等，这个时候当用户进入汽车配件类目时，就可以直接为用户推荐相应的汽车配件，直到用户有明确的行为去搜索其他的汽车用品时，再进行数据调整。再如，有些用户平时很少网购，但一到大型节日前就会大量购买商品，这类用户通常都是企业的采购人员，这时候就可以在礼品等类目进行企业礼品的相关推荐，甚至直接推荐该网站的储值卡。还有，对于中老年人的识别，可以通过用户经常使用的地址和包裹的寄送地址来进行区别。

二是通过模型来建立标签。比如，在婚庆类目上的特定行为，当然，特定行为是通过数据模型识别出来的，此时我们就可以认为其是一个即将结婚的用户，这样可以结合时间来给用户打上婚庆标签，也可以持续观察这类用户，在未来可能会打上家装的标签和母婴的标签等。结合用户的手机充值和收货地址等行为，可以用数据模型计算出该用户是为自己购买，还是作为一个网购的中心者为他人购买，如果能判断经常为他人购买，则可以打上类似于"网购影响力中心"这样的标签，可以在不同类目的场景中运用。

三是通过模型的组合来生成新的标签。任何一个模型都是有生命周期的，或者说企业内部不同的建模人员可能会对同一用户做出不同的判断，所以我们需要不断地对模型进行整合。通常情况下，可以采用模型投票的方法从多个模型中抽象出合适的标签。比如，在3个模型中，两个模型认为宝宝是3~6个月，一个认为宝宝是12个月以上，那通过模型的整合，应该可以确定宝宝为3~6个月。

标签的应用是指在电商网站的首页或者具体的类目网页进行标签的使用。标签的使用，最核心的就是数据中间层和前台业务层的对接，并且能够让运营人员非常方便地进行商品的设置。这里涉及两个核心点：一是中间层和业务层的对接；二是中间层的易用性。下面分别就这两个内容来做一些探讨。

其一，中间层和业务层的对接。目前，对接是在互联网广告中非常热的概念，典型的应用之一就是数据管理平台（DMP）。在这个系统中，用户以标签化的形式存在，也就是之前给用户打好的标签有了一个管理的平台，终端使用者可以在这个系统中进行用户选择，选择完成之后就会产生一个投放计划。DMP还会和前台业务平台进打通，简单地说就是用户登录首页之后，系统就会认出用户身上的标签，然后就可以根据DIM中设置的计划来产出不一样的内容。

其二，中间层的易用性。对于终端用户来说，选择标签需要足够简单，并且能够非常清楚地知道这个标签具体代表什么含义。

对于数据从业者来说，让数据变得超级简单是一个非常重要的使命，所以界面的设计和后台的管理等内容都非常重要，否则可能会失去标签系统的价值。

对于大数据来说，"用"是让数据发挥价值的最大一步，在这里我们也只是简单举了一个数据应用的例子——标签系统。这是数据和运营数据紧密结合的一个案例，也是数据运营或者数据驱动的一个典型案例。只有先结合大数据的技术将数据化运营做好，才能让数据从成本转化成利润，才能真正发挥出大数据的价值。

四、大数据的价值分析

（一）数据的五大价值

在大数据时代，无论是个人、企业还是政府，都面临着如何管理和利用信息的难题。与此同时，随着数据数量的汇集，数据的管理和分析工作变得格外重要。数据的价值正在成为企业成长的重要动力，它不仅提供了更多的商业机会，还是企业运营情况及财务状况的重要分析依据。如果我们平时做一个有心人，也不难从各种看似不起眼的数据中发现数据的价值，获得数据的价值。

在实际运用中，需要认清数据到底能够产生什么价值：有时候，同一组数据可能会在不同场合产生完全不一样的价值；有时候，单一的数据没有什么特别的价值，需要组合起来才能产生价值……那么，数据的价值主要体现在哪里呢？在这里，我们总结了数据的五大价值。

1.识别与串联价值

顾名思义，识别的价值，肯定是唯一能够锁定目标的数据。最有价值的，比如身份证、信用卡，还有 E-mail、手机号码等，这些都是识别和串联价值很高的数据。京东和当当网站识别"你"的方法就是你的登录账号。千万不要小看这个账号，如果没有这个账号，网站就只能知道有一些商品被用户浏览了，却无法知道是被哪个用户浏览了，更不可能还原出用户的购买行为特点。

当然，识别用户的方法不止登录账号一种，对用户进行识别的传统方法还包括 cookie。所谓的 cookie 就是你浏览器里面的一串字符，对于一个互联网公司来说，这就是用户身份的一个标记，所以你会发现你在搜索引擎上搜索过一个词语，在很多网站上都会看到相关的资讯或者商品的推荐，这就是通过 cookie 来实现的。很多互联网公司都非常依赖 cookie，所以会采用各种 cookie 来记录不同的用户类别，单一的 cookie 没有价值，将用户登录不同页面的行为串联起来才产生了核心价值——串联价值。

如果你想知道日常生活中哪些是很有价值的识别和串联数据，那么可以回想一下你的银行卡丢失后，你打电话到银行时对方问你的问题。一般来说，当你忘记密码后，对方会问你"你哪天发工资""你家里的固定电话号码是什么"等类似问题，而这一系列问题就是在把你的个人数据做一个识别和串联。因为在银行怀疑某个人是不是你的时候，生日、固定电话号码是有权重的。有可能在有了 2~3 个这样的数据后，即使你没有密码，银行还是会相信你，为你重新办卡。

所以，千万不要小看识别数据的价值，经验告诉我们，能够辨别关系和身份的数据是最重要的。这些数据应该是有多少存多少，永远不要放弃。在大数据时代，越能够还原用户真实身份和真实行为的数据，就越能够让企业在大数据竞争中保持战略优势。

2. 描述价值

在女人圈，我们经常会听到很多关于"好男人"的标准，比如"身高 170~180 厘米、体重 60~75 千克、月收入 10000~20000 元、不抽烟不喝酒等"，这其实就是将"好男人"这样一个感性的指标数据化了，这里用到的数据就充当了描述研究对象的作用。

在通常情况下，描述数据是以一种标签的形式存在的，它们是通过初步加工的一些数据，这也是数据从业者在日常生活中最为基础的工作。一家公司一年的营业收入、利润、净资产等都是描述性的数据。在电商平台类企业日常经营的状况下，描述业务的数据就包括成交额、成交用户数、网站的流量、成交的卖家数等，我们就可以通过数据对业务的描述来观察交易活动是否正常。

但是，对于企业来说，数据的描述价值与业务目标的实现并不成正比，也就是说，描述数据不是越多越好，而是应该收集和业务紧密相关的数据。比如，一家兼有 PC 平台和无线平台业务的电子商务公司，在 PC 上可能更多地关注成交额，而在无线平台上更多关注的应该是活跃用户数。

描述数据对具体的业务人员来说，使其更好地了解业务发展的状况，让他们对日常业务有更加清楚的认知；对于管理层来说，经常关注业务数据也能够让其对企业发展有更好的了解，以做出明智的决策。

用来描述数据最好的一种方式就是分析数据的框架，在复杂的数据中抽象出核心的点，让使用者能够在极短的时间里看到经营状况；同样，又能够让使用者看到更多他想看的细节数据。分析数据的框架是对一个数据分析师的基本要求——基于对数据的理解，对数据进行分类和有逻辑的展示。通常，优秀的数据分析师都具备非常好的数据框架分析能力。

3. 时间价值

如果你不是第一次在京东上买东西，你曾经的历史购买行为，就会呈现出时间价值。这些数据已经不仅仅是在描述之前买过的物品了，还展示出在这一时间轴上你曾经买过什么，以便让网站对你将要买什么做出最佳预测。

在考虑了时间的维度之后，数据会产生更大的价值。对于时间的分析，在数据分析中是一个非常重要，但往往也是比较有难度的部分。

大数据的一个非常重要的作用就是，能够基于大量历史数据进行分析，而时间是代表历史的一个必然维度。数据的时间价值是大数据运用最直接的体现，通过对时间的分析，能够很好地归纳出一个用户对于一种场景的偏好。而知道了用户的偏好，企业对用户做出的商品推荐也就更加精准。

时间价值除了体现历史的数据之外，还有一个价值是"即时"——互联网广告领域的实时竞价，它是基于即时的一种运用。实时竞价就是当用户进入某一个场景之后，各家需求方平台就会来竞价，对用户进行数据推送。比如，用户正在浏览一个和化妆品有关的页面或者正在商场逛街，在这个场景中就会出现和化妆品有关的信息。这个化妆品的广告不是预先设置好的，而是在这个具体的场景中通过实时竞价出现的。

4. 预测价值

数据的预测价值分成两个部分。第一部分是对某一个单品进行预测，比如在电子商务中，凡是能够产生数据、能够用于推荐的，都会产生预测价值。比如，推荐系统推荐了一款 T 恤，它有多大的可能性被点击，这就是预测价值。预测价值本身没有什么价值，它只是在估计这个商品时是有价值的，所以预测数据可以让你对未来可能出现的情况做好准备。推荐系统估计今天会有 10 个用户来买这件 T 恤，这就是预测。再追加一个问题："你有多大的信心今天能卖出 10 件 T 恤？"你说有 98% 的可能性，那么这就是对未来的预判及准确度的预估。

预测价值的第二部分就是数据对经营状况的预测，即对公司的整体经营进行预测，并能够用预测的结论指导公司的经营策略。在今天的电商中，无线是一个重要的部门，对于新的无线业务来说，核心指标之一就是每天的活跃用户数，而且这个指标也是对无线团队进行考核的重要依据。作为无线团队的负责人，到底怎么判断现在的经营状况和目标之间存在着多大的差距，这就需要对数据进行预测。通过预测，将活跃用户分成新增和留存两个指标，进而分析对目标的贡献度分别是多少，并分别对两个指标制定出相应的产品策略，然后分解目标，进行日常监控。这种类型的数据能够对公司整体的经营策略产生非常大的影响。

5. 支出数据的价值

从数据的价值来说，很多数据本身并没有特别的含义，但是把几个数据组合在一起或者对部分数据进行整合之后就产生了新的价值。比如，在电子商务开始初期，很多人都关注诚信问题，那么如何才能评价诚信呢？于是就产生了两个衍生指标：一个是好评率，另一个是累积好评数。这两个指标，就是目前在电商平台的页面上经常看到的卖家的好评率和星钻级别，用户能够基于此了解这个卖家的历史经营状况和诚信状况。

但是，仅以这两个指标来对卖家进行评价，会显得略微有些单薄，因为它们无法很精确地衡量出卖家的服务水平。于是，又衍生出更多的指标，比如与描述相符、物流速度等，这些指标最终变成了一个新的指标——店铺评分系统，可以用它来综合评价这个卖家的服务水平。

当然，某个单一的商品在电商网站上可能会出现几千条评价，而评价中又是用户站在自己的立场描述的，但是针对某个用户，每次买一样东西都要阅读几千条评价显然是不太可能的，因此就需要把这些评价进行重新定位，以产生出新的能够帮助用户做出明智购买决策的数据，这些数据就是关键概念的抽取。

在认识了数据的价值后，我们就能更好地识别出哪些是我们想要的核心数据，就能够更好地发挥数据的作用。精细的数据分类、严格的数据生产加工过程，将让我们在使用数据时游刃有余。

（二）大数据价值的具体分析

1. 大数据不一定有大价值

国际权威的数据公司对数据的价值有这样的一个预计，到 2015 年，大数据市场将增长至 169 亿美元，该领域每年的增长率将达到 40%，约为其他信息技术领域的 7 倍。有的研究公司指出，2011 年，大数据专营供应商财政收入不到 5 亿美元。尽管这只占该领域总收入的较小份额，但他们认为，这些大数据专营供应商已成为创新的主要来源。

不可否认，很多互联网企业掌握着庞大的数据，如果没有对其进行数据分析，这些大数据就是一个沉重的负担。前面说过，仅是采集和储存这些数据就要耗费很多人力资源和时间成本，而采集到的数据不经分析就无法给企业带来利润，企业在这一过程中就只有支出没有收入。

麦肯锡公司调查发现，大数据确实给很多行业带来了价值，比如，为美国的医疗行业带来了每年 3000 亿美元的价值，而其他的行业也一样可以从大数据中受惠。

大数据带来大价值，但是大数据不等于大价值，就像一座未开发的金矿不等于黄金万两一样。金矿只有经过开发成为金砖并放到交易市场上之后才能产生价值，而数据只有通过技术和分析工具显现在大家面前，使得数据变成信息，然后分离出有用的信息，才能产生价值。大数据也一样，无非就是数据的量不同。

大数据就像一座庞大的冰山，大量的数据都隐藏在海面之下，显现出来的只有一点点。如何挖掘出大量数据的价值，这和 IT 技术进步相关。现在，计算机的硬件和软件计算能力都越来越强大，使得我们从大量数据中提取有用信息的速度也越来越快，很多以前我们无法计算的问题现在都能够得到解决。例如，富士通帮日本的医疗机构做数据挖掘，其中一个项目是将很多电子病历、抑郁症患者的 DNA 信息、抑郁症患者的重点发病地都结合起来。他们根据病例、气象、DNA、地域数据，分析抑郁症患者自杀的概率，建立数据模型进行验证。这在过去是不可能做到的，但现在有了 IT 技术，可以把假设通过技术很快地运算出来并加以验证，这样，以前没有体现出价值的数据便体现出了价值。此外，过去某些大数据可能也是可以进行分析的，但是因为数据量太大或者计算过于复杂，得到结果的速度实在太慢，等结果出来时，数据的时效性可能已经过了。比如我们要预测第二天的天气，以前的计算机可能需要三四天才能够计算出来，而等到计算结果出来，预测本身已经失去了意义。而现在，同样的计算可能只需要几小时，这样预测本身的价值就体现出来了。

大数据不等于大价值，但大数据分析做好后，就会带来大价值。随着大数据技术的发展，一些现在将大数据视为负担的企业将越来越多地尝到大数据分析带来的甜头。

2.大数据也会有价值遗憾

因为数据给人带来的实际用途是优劣并存的，所以大数据的价值到底有多大，目前没有谁能给出准确的计量。

2013年，国外著名的社交网站脸书实现60亿美元的收益，而创造这么多收益的脸书居然没有向用户收取一分钱。脸书的所有服务对用户都完全免费。如果你是脸书的用户，你会不会觉得你使用"脸书"的服务简直是在占这个网站的便宜呢？"脸书"不是慈善机构，它的管理者不是国王，其网站不是供所有人免费使用的牛皮公路。事实上，正如2010年《时代》周刊评选出的100位最具影响力的人物之一的思想家杰伦·拉尼尔所说："脸书的用户2013年将为这家公司创造60亿美元的收入，却得不到一分钱的报酬。"拉尼尔为什么这么说呢？这又是一个大数据的案例了。脸书应该有自己的盈利方式，只是人们不知道它是如何盈利的罢了。这是非常正确的想法，事实也确实如此。脸书的价值正是数以亿计的用户在使用过程中不知不觉积累的大数据形成的。通过分析用户的爱好、身份资料、个人信息和浏览习惯，脸书就能够猜测到每个用户的消费喜好。比如，你最容易被哪类广告吸引，每个网站页面都有一个"喜好按钮"，哪怕你从来不按按钮，你的信息也会被反馈给脸书。

在大数据时代，数据就是金矿，而创造数据的用户便是产生金矿的原材料。脸书的主要产品是社交网络，而造就一个良好社交网络的最重要因素是它的内容。为脸书提供内容的，正是一个个用户。用户提供的内容使网站变得美好，而他们的个人信息使得网站变得有价值。

这一切都解释了为什么像脸书这么一家雇员少于5000人的公司，如今市值超过650亿美元。在拉尼尔看来，这是一种巨大的不公平，也是大数据时代的一个巨大缺陷。像"脸书"一样的公司，通过收集我们的各种行为数据获得巨大利润，而我们的行为本身却被视为毫无价值的，似乎它们无须为我们的劳动付出任何报酬。这么看来，在大数据时代，表面上我们是在免费使用着某些公司的各种资源，而实际上是我们付出各种劳动，某些公司免费搜集着我们产生的数据，没有给我们任何报酬。

如今，大数据能在各行各业发挥其他工具完全无法代替的作用，但大数据并不是万能的，并不是任何时候、任何场合都适用。大数据本身也有局限性，在大数据成为一个热门话题的今天，我们不能迷信大数据，而需要弄清楚状况，知道什么时候需要使用大数据，什么时候需要使用其他工具。

几年前，世界爆发金融危机时，意大利一家大银行的CEO做出了一个让很多人都觉得不符合常规的决定。考虑到经济的疲软以及未来欧元危机的前景，很多人认为他应该会退出意大利市场，可是他最终决定留在意大利挺过任何潜在的危机。做决定前，这位CEO让手下的智囊团预测出可能发生的一系列不利情况，计算出这些情况对于公司意味着什么。但是最终，他还是根据价值判断做出了决定。他的银行已经在意大利经营几十年，他不想让意大利人觉得他的银行是一个不可以共患难的朋友，他也想让银行里的员工觉得时局艰难时公司不会转移，即便这样做会有一些短期的成本损失。他在做决定时没有忘记参考数据分析，最终，他遵循了另外一条思路。结果表明，这条思路无疑是正确的。

商业有赖于信任，信任是带有感情的互惠行为。在艰难时期仍然坚守诚信的公司和人会赢得别人的好感和尊重，即便这些不易通过数据来衡量，也是极有价值的。

这个故事里面暗藏了大数据分析的优点和局限。在当今这一历史性时刻，用于数据收集的计算机正调节着我们的生活。在这个世界上，数据可以用于帮助我们理解令人难以置信的复杂情况，可以帮助我们弥补自己直觉上的过度自信，帮助我们减轻因为情感、观念、经验等主观因素导致的对事实的扭曲。但是，还有很多事大数据也无能为力。比如，大数据对准确描述社会活动是无能为力的。人的大脑在数学方面很差，但是在社会认知上很优秀。我们总能从一个人面部表情的微弱变化中捕捉到其很细微的情绪，从一个微小的动作判断其心理状态。同时，很多时候我们需要用情感来对一些事物进行价值判断。这些方面，大数据并不擅长。大数据分析本身是由计算机来进行的，它善于衡量社会交往的数量而非质量。比如，一个社交网络专家或许可以通过大数据分析绘制出你在平时 80% 的时间里与常见的 10 名同事或朋友的交往情况，但他没办法通过大数据分析捕捉到你对在某个很遥远的地方生活的近些年从来没有见面的前女友的复杂情感。因此，在做有关社会关系的决策时，想要用办公桌上的粗糙机器替代神奇大脑的想法是很浅薄和愚蠢的。

大数据在解决很多领域的重大问题方面也有局限。一个公司可以做一个随机对照试验来判断到底是哪一封促销邮件勾起了用户的购买欲，但一个政府不能用同样的办法来刺激萧条的经济，因为没有另外一个政府可供对照。怎样能够刺激经济增长，这个问题经济学家和政府官员都很关心，也引发过很多争论。关于这个问题，我们有堆积如山的数据可用，但是没有哪位参与争论的人会被数据说服。

而且，大数据分析更偏向分析潮流和趋势，对一些突出的、特异的个例则毫无办法。当大量个体对某种文化产品迅速产生兴趣时，大数据分析可以敏锐地侦测到这种趋势，但其中一些可能非常杰出的东西从一开始就被数据摒弃了，因为它们的特异之处并不为人所知。

另外，数据本身也有局限。纽约大学教授丽莎·吉特曼有一本学术著作名为《原始数据只是一种修辞》，书中指出：数据从来都不可能是原始存在的，因为它不是自然的产物，而是依照一个人的倾向和价值观念而被构建出来的。我们最初定下的采集数据的办法已经决定数据将以何种面貌呈现出来。数据分析的结果看似客观公正，但其实价值选择贯穿了从构建到解读的全过程。数据会掩盖价值，没有任何数据是原始的，往往是根据人的倾向和价值观构建起来的。最终的结果看起来很无私，但实际上从构建到演绎的整个过程一直伴随着价值选择。

这并不是说大数据就没什么了不起的，而是说数据和其他工具一样，在一方面有价值，而在另一方面存在着遗憾。

3.旧数据也会有新用途

企业、政府乃至个人都积累了不少各个方面的数据，这些数据有些是几十年前的，有的甚至有数百年的历史。那么这些数据除了偶尔被历史学家们考证使用外，还能派上其他用场吗？答案是肯定的。

人们在看待数据时，常常会犯一个错误：他们喜欢新的数据，认为新的数据更及时、更全面，而那些陈旧的数据似乎没什么用处。而事实远非如此。很多旧的大数据里，也蕴含着不少我们没有发掘的金矿。这些数据被整理分析后，一样能得到非常有用的信息。

美国著名摄影师和出版人里克·斯莫兰是一个有趣的人，他做了许多跟大数据有关的摄影项目，其中有个项目叫作"大数据人类面孔"。这个项目启动的一个为期8天的"测量我们的世界"活动，邀请全球各地的人们通过智能手机实时地分享和对比他们的生活。其中，有一张照片是里克·斯莫兰和一位计算机科学家、一位心脏病学家兼计算生物学家站在一堆废弃的心电图数据纸带中。这个3人团队创建了一个全新的计算机模型，它可以用来分析那些曾经被丢弃的心电图数据，从中发现被忽视的心脏疾病复发信号，并能大大改进今天的心脏病风险筛查技术。

对于很多人来说，那些已经过时的心电图数据是毫无价值的，所以那些数据纸带完全就是一堆废纸。可是，聪明的科学家们就是对那些废纸里的数据进行分析才得到振奋人心的科研成果的。不仅是科研方面需要陈旧的数据，其他方面一样需要。比如，曾有这么一个例子：一家石油勘探公司有一个新系统可以提供尼日利亚的3D地质数据，但是该公司没有太多的文件数据库以供这个系统进行深度分析。一位存储管理员记得某处存有大量的旧图片，然后他通过一个商业智能分析工具来分析这些数据是否可以用于新系统。结果这家石油勘探公司得以将数十年的旧数据导入新系统。将这些旧数据与新的材料交叉分析，帮助这家公司取得了几项重大发现。

（三）大数据分析平台

大数据技术的战略意义不在于掌握庞大的数据信息，而在于对这些含有意义的数据进行专业化处理。换言之，如果把大数据比作一种产业，那么这种产业实现盈利的关键，在于提高对数据的"加工能力"，通过"加工"实现数据的"增值"。人们常说，数据隐含价值，技术发现价值，应用实现价值。问题的关键是大数据怎样才能被有效地利用，以促进企业健康有序地发展。在企业的经营管理中越来越多地应用大数据，每日激增的业务数据和市场信息数据等都呈现了大数据不断增长的多样性和复杂性，大数据分析方法显得尤为重要，可以说是判断最终信息是否有价值的决定性因素。

大数据分析可以沿用传统数据分析算法、一般性描述统计、时间序列分析、线性回归分析、曲线回归分析、多目标分析、序贯分析、仿真分析和包括在数据挖掘中的聚类算法、分类算法、关联规则和人工神经网络等，这些方法都可以在一定程度上对数据进行处理。考虑到大数据的流动性和异动性，利用新的大数据算法分析不管是在成本和效率上都更有优势，下面介绍一些大数据分析挖掘的平台。

1. 商用大数据分析平台

开源的大数据分析平台一般来说对技术要求高，实时性比较差，而商用的大数据分析平台费用昂贵，但是能为客户提供技术支持。常用的商用大数据分析平台有以下几类。

（1）一体机

一体机是指通过标准化的架构集成了服务器、存储、网络、软件等配置，简化了数据中心基础设施部署和运维管理的复杂性的一体化设备。大数据一体机（Big Data Appliance）即通过一体机的产品形态，解决了大数据时代基础设施的持续扩展问题、数据处理的个性化和一体化需求问题、海量数据的存储成本问题。

大数据一体机是一种专为大量数据的分析处理而设计的软件、硬件结合的产品，由一组集成的服务器、存储设备、操作系统、数据库管理系统以及一些为数据查询、处理、分析用途而特别预先安装及优化的软件组成，为中等至大型的数据仓库市场（通常数据量在TB至PB级别）提供解决方案。从技术特点上看，大数据一体机的主要特征如下：

①采用全分布式新型体系结构，突破大数据处理的扩展"瓶颈"并保障可用性。采用全分布式大数据处理架构，将硬件、软件整合到一个体系中，采用不同的数据处理的架构为不同行业应用提供支撑。通过全分布式大数据处理架构和软硬件优化，使得平台能够随着客户数据的增长和业务的扩张，可通过纵向扩展硬件得到提升，也可通过横向增加节点进行线性扩展，即使在达到4000个计算单元重载节点的情况下，也能够实现相接近线性的扩展性和低延迟、高吞吐量的性能，同时保证业务的连续性。

②覆盖软硬一体全环节，满足个性化定制需求。采用软硬件一体的创新数据处理平台，针对不同应用需求融合从硬件到软件的一系列的手段实现数据采集、数据存储、数据处理、数据分析到数据呈现的全环节覆盖，为用户提供整体方案，用户可以根据各自应用特点选择不同系列的产品，实现按需定制。

除了以上两点之外，由于大数据产品的专业性和其不同于传统的解决方案，产品提供商针对用户在整个数据处理环节提供全方位的专业化服务，帮助用户明确应用需求，选择适合的软硬件架构，提供开发方面的支持，并帮助客户把程序从原有的模式移植到大数据处理模式下，从调优直至上线应用提供一条龙的服务。

目前，大数据一体机市场已经形成了供应商百花齐放的局面。IBM、Oracle、EMC、浪潮等都推出了面向大数据的一体化产品和解决方案，如IBM的Netezza一体机、Oracle的Exadata一体机、EMC的Greenplum一体机、浪潮的云海大数据一体机等。

（2）数据仓库

数据仓库由数据仓库之父比尔·恩门（Bill Inmon）于 1990 年提出，主要功能仍是将组织透过信息系统的 OLTP 经年累月所累积的大量资料，通过数据仓库理论所特有的资料储存架构，做系统的分析整理，以利于各种分析方法如 OLAP、DM 的进行，并进而支持如决策支持系统（DSS）、主管资讯系统（EIS）的创建，帮助决策者快速有效地从大量资料中分析出有价值的信息，辅助决策拟定及快速回应外在环境变动，帮助建构商业智能（BI），如 Teradata Aster Data、EMC Greenplum HP Vertica 等。

数据仓库是在数据库已经大量存在的情况下，为了进一步挖掘数据资源，为了决策需要而产生的，它并不是所谓的"大型数据库"。数据仓库方案建设的目的，是为前端查询和分析做基础，由于有较大的冗余，所以需要的存储也较大。数据仓库往往有以下几个特点。

①效率足够高。数据仓库的分析数据一般分为日、周、月、季、年等，可以看出，日为周期的数据要求的效率最高，要求 24 小时甚至 12 小时内，客户能看到昨天的数据分析。由于有的企业每日的数据量很大，设计不好的数据仓库经常会出问题，要延迟 1~3 日才能给出数据，这样显然是不行的。

②数据质量。数据仓库所提供的各种信息，肯定要准确的数据，但由于数据仓库流程通常分为多个步骤，包括数据清洗、装载、查询、展现等，复杂的架构会有更多层次，那么由于数据源有脏数据或者代码不严谨，都可能导致数据失真，客户看到错误的信息就可能导致做出错误的决策，造成损失。

③扩展性。之所以有的大型数据仓库系统架构设计复杂，是因为考虑到了未来 3~5 年的扩展性，这样的话，未来不用花太多钱去重建数据仓库系统，就能很稳定运行。主要体现在数据建模的合理性，数据仓库方案中多出一些中间层，使海量数据流有足够的缓冲，不至于数据量大很多就无法运行。

（3）数据集市

在为企业建立数据仓库时，开发人员必须针对所有的用户，从企业的全局出发，来对待企业需要的任何决策分析。这样建立数据仓库就成了一个代价高、时间长、风险大的项目。因此，更加紧凑集成、拥有完整应用工具、投资少、规模小的数据集市（Data Mart）应运而生。

数据集市是一种更小、更集中的数据仓库，它是具有特定应用的数据仓库，主要针对某个具有战略意义的应用或具体部门级的应用。从范围上来说，数据是从企业范围的数据库、数据仓库，或者是更加专业的数据仓库中抽取出来的。它支持客户利用已有的数据获得重要的竞争优势或找到进入新市场的解决方案，是为企业提供分析商业数据的一条廉价途径。数据集市的特征有：①规模小，面向部门，而不是整个企业；②有特定的应用，不是满足企业所有的决策分析需求；③主要由业务部门定义、设计和实现；

④可以由业务部门管理和维护；⑤成本低，开发时间短，投资风险较小；⑥可以升级到企业完整的数据仓库。

2. 开源大数据生态圈

Google 作为全球最大的搜索引擎和云计算服务提供商，率先遇到了 PB 级海量数据的处理问题。它没有采用传统的存储和高性能计算技术，而是独辟蹊径地创造了 GFS 分布式文件系统和 Map Reduce 分布式计算框架，通过聚合数以万计普通服务器的存储和计算资源，实现了超大规模数据集的高效处理，取得了巨大的成功。Apache Hadoop 项目则是 GFS 和 Map Reduce 的开源实现，其符合大数据环境的开发而受到青睐，目前已成为世界上最有影响力的开源云计算平台和大数据分析平台，得到了广泛的应用，全球已经安装了数以万计的 Hadoop 系统。Hadoop 实现分布式存储和处理器数据有以下五大优势。

（1）高扩展性。Hadoop 是一个高度可扩展的存储平台，因为它可以存储和分发横跨数百个并行操作的廉价的服务器数据集群。传统的关系型数据库系统不能扩展到处理大量的数据，而 Hadoop 是能给企业提供涉及成百上千 TB 的数据节点上运行的应用程序。

（2）成本效益。Hadoop 还为企业用户提供了极具成本效益的存储解决方案。传统的关系型数据库管理系统的问题是，它并不符合海量数据的处理器，不符合企业的成本效益。许多公司过去不得不假设哪些数据最有价值，然后根据这些有价值的数据设定分类，如果保存所有的数据，那么成本就会过高。虽然这种方法可以短期内实现工作，但是随着数据量的增大，这种方式并不能很好地解决问题。Hadoop 的架构则不同，其被设计为一个向外扩展的架构，可以经济地存储所有公司的数据供以后使用，节省的费用是非常惊人的，Hadoop 提供的是数百 TB 的存储和计算能力，而不是几千块钱就能解决的问题。

（3）灵活性更好。Hadoop 能够使企业轻松访问到新的数据源，并可以分析不同类型的数据，从这些数据中产生价值，这意味着企业可以利用 Hadoop 的灵活性从社交媒体、电子邮件或点击流量等数据源获得宝贵的商业价值。此外，Hadoop 的用途非常广，诸如对数处理、推荐系统、数据仓库、市场活动进行分析以及检测。

（4）速度更快。Hadoop 拥有独特的存储方式，用于数据处理的工具通常在与数据相同的服务器上，从而能够更快地处理数据，如果用户正在处理大量的非结构化数据，Hadoop 能够有效地在几分钟内处理 TB 级的数据，而不是像以前那样处理 PB 级数据都要以小时为单位。

（5）容错能力强。使用 Hadoop 的一个关键优势就是它的容错能力。当数据被发送到一个单独的节点上，该数据也被复制到集群的其他节点上，这意味着在故障情况下，存在另一个副本可供使用。

第二节   财务管理的相关概念与理论基础

一、财务管理的相关概念

（一）资金运动

财务管理的对象是财务管理工作的客体，即企业的资金及其运动过程。资金运动是企业再生产过程中客观存在的经济现象，其存在的基础是商品经济。企业的再生产过程由使用价值的生产过程和价值的生产过程组成。其中，使用价值的生产过程指物资的生产和交换过程，又称为物资的实物运动过程；价值的生产过程即物资的价值运动过程，指价值的形成与实现过程，通常用货币来表现。物资的价值运动过程实际上就是资金运动过程，从货币资金形态开始，依次经过储备资金、生产资金、成品资金、结算资金，最终又回到货币资金形态。

具体来讲，企业资金的运动过程表现为：①筹集资金，通过各种渠道、采取恰当的方式取得货币资金；②支付货币资金，建厂房、购买设备和原材料，形成生产能力和换取生产资料，货币资金转化为固定资金和储备资金；③通过生产，原材料依次形成在产品、产成品，储备资金转变为生产资金和成品资金；④销售产成品，形成结算性债权，收回货币资金；⑤以部分货币资金缴纳税金和分配利润。企业再生产过程不断进行，资金运动也周而复始，这便形成了资金循环（见图1-1）。

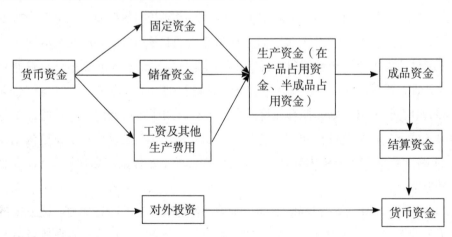

图1-1   企业的资金运动过程

企业资金运动具有特殊的规律，总体上主要考察以下两方面：

（1）资金运动具有空间上的并存性和时间上的继起性，即在空间上同时并存于货币资金和采购、存储、生产、销售、分配阶段的各种资金，在时间上各阶段的资金相继向下一阶段转换。如果资金过多地集中于某一阶段，而其他阶段的资金出现短缺或空白，循环过程就会出现障碍。因此，财务管理要求进行资金的合理配置，保证资金周转畅通无阻。

（2）资金运动同物资运动存在是既相一致又相背离的关系。一方面，物资运动是资金运动的基础，资金运动反映着物资运动，两者具有相互一致的关系，体现了再生产过程的实物形态和价值形态本质上的必然联系；另一方面，资金运动又可能背离物资运动，呈现一定的独立性。比如，赊购、赊销商品等结算原因造成的实物和货币资金在流量上的不一致，固定资产折旧等物质损耗原因造成的价值单方面减值等。因此，从事财务管理工作既要着眼于物资运动，保证供产销活动的顺利进行；又要充分利用上述背离性，合理组织资金运动，以较少的价值投入获取较多的使用价值，提高企业经济效益。

（二）财务活动

财务管理的对象决定着财务管理的内容，财务管理的内容是财务管理对象的具体化。由于财务管理对象是企业再生产过程中的资金运动，所以，财务管理的内容就是管理企业资金运动中所表现出来的各个具体方面，通常有资金的筹集、运用、收回及分配等一系列行为，这便是财务活动。从整体上讲，它包括筹资活动、投资活动、营运活动和分配活动。

1. 筹资活动

资金是企业的推动力，筹集资金是企业资金运动的起点，是企业投资的必要前提。企业取得资金以及由此而产生的一系列经济活动便构成了企业的筹资活动。在筹资过程中，企业一方面要确定合理的筹资规模；另一方面要通过对筹资渠道、筹资方式的选择，确定合理的资本结构，从而降低筹资成本。

企业取得的资金从性质上来讲，不外乎两种：一种是通过向投资者吸收直接投资、发行股票、利用内部留存收益等方式取得资金，该种资金为权益资金；另一种则是通过从银行贷款、发行债券、利用商业信用等方式取得资金，即负债资金。

2. 投资活动

企业筹集的资金只有投入使用，才能与劳动者相结合创造效益，增加企业的价值。企业对资金的运用包含两方面的内容，即将资金投放于长期资产和短期资产。企业将资金投放于长期资产，便是投资活动；而将资金用于短期资产则为营运活动。财务管理中的投资活动有广义和狭义之分。广义的投资活动既包括企业内部使用资金的过程（如购置固定资产、无形资产等），也包括对外投放资金的过程（如购买其他企业的股票、债券或与其他企业联营等）；狭义的投资活动仅指对外投资。无论是对内投资，还是对外投资，都会有资金的流出；当企业收回投资时，如处置固定资产、转让债券等，又会引起资金的流入。这种由资金的投放而引发的资金收支活动就是投资活动。

3. 营运活动

企业短期资金的周转是伴随着日常生产经营循环而实现的。企业在日常经营活动中，会发生一系列的资金收付业务。这些收付业务具体表现为：企业运用资金购买原材料并组织劳动者对其进行加工，直至加工成可供销售的商品，同时又向劳动者支付劳务报酬以及支付各种期间费用。当企业用资金来偿付这些料、工、费的消耗时会引起资金的流出；当产品销售出去后，取得收入又会形成资金的流入。这种因企业日常经营活动而引起的各种资金收支活动就是资金营运活动。

4. 分配活动

企业通过对内外投资、销售商品等活动取得收益，即表明企业获得了利润，企业的利润要按规定的程序进行分配。首先，要依法纳税；其次，要用来弥补亏损，提取盈余公积金、公益金；最后，要向投资者分配利润。这种因实现利润并对其进行分配而引起的各种资金收支活动就是分配活动。

（三）财务关系

财务关系是企业在组织财务活动过程中与各有关方面发生的经济利益关系。通常情况下，企业存在以下七类基本的财务关系。

1. 企业与投资者之间的财务关系

企业与投资者之间的财务关系主要是投资者按照投资合同、协议、章程约定，履行出资义务，形成企业的资本金。企业利用资本金进行经营，实现利润后，按照出资比例或合同、章程规定，向投资者支付报酬。投资者的出资不同，对企业承担的责任也不同，在企业享有的权益也不同。

2. 企业与债权人之间的财务关系

企业与债权人之间的财务关系主要指企业向债权人借入资金，并按借款合同的规定，按时支付利息和归还本金所形成的经济关系。企业的债权人主要有债券持有人、贷款机构、商业信用提供者以及其他出借资金给企业的单位和个人。

3. 企业与受资者之间的财务关系

企业与受资者之间的财务关系主要是企业以购买股票或直接投资的形式向其他企业投资所形成的经济关系。企业向其他单位投资，应按约定履行出资义务，并依据其出资份额参与受资企业的经营管理和利润分配。企业之所以将资金投给其他企业，而不是借给它们，主要着眼于受资者所提供的高额回报。

4. 企业与债务人之间的财务关系

企业与债务人之间的财务关系主要是指企业将资金购买债券、提供借款或商业信用等形式，出借给其他单位所形成的经济关系。企业出借资金，而不是投放资金，主要着眼于资金的安全性。

5. 企业内部各单位之间的财务关系

企业内部各单位之间的财务关系主要是指企业内部各单位之间，在生产经营各环节中相互提供产品或劳务所形成的经济关系。这种在企业内部形成的资金结算关系，体现了企业内部各单位之间的经济利益关系。

6. 企业与职工之间的财务关系

企业与职工之间的财务关系主要是指企业向职工支付劳动报酬所形成的经济关系。职工以自身提供的劳动作为参加企业分配的依据，企业根据劳动者的劳动情况，向职工支付工资、津贴和奖金，体现了职工个人和企业在劳动成果上的按劳分配关系。

7. 企业与政府之间的财务关系

企业与政府之间的财务关系表现为企业必须按照税法规定，向政府缴纳各种税款，包括所得税、流转税、资源税、财产税和行为税等。这一关系体现了依法纳税和依法征税的税收权利义务关系，并蕴含着强制性、无偿性的特点。

综上所述，由于财务管理的对象是企业的资金运动，财务管理的内容是组织财务活动、处理财务关系，因此从这个角度上来讲，财务管理实质上就是组织好财务活动、处理好财务关系的一项经济管理工作。

二、财务管理的理论基础

（一）财务管理目标

财务管理目标是企业进行财务活动所要达到的根本目的，它决定着企业财务管理的基本方向。目前，最具代表性的财务管理目标主要有以下几种。

1. 利润最大化

利润是企业一定时期的收入补偿成本费用后的余额，是衡量企业经济效益和社会效益的重要指标。一方面，在市场竞争环境下，利润水平较高的企业可以在资本市场占据更有利的竞争位置，进而为企业获取更多的资源；另一方面，利润又是企业补偿资本的重要来源，企业通过留存部分利润实现资本增资和扩大生产规模。

虽然利润最大化可以作为财务管理目标，但是在实践中也存在着一些难以解决的问题：

（1）没有考虑资金的时间价值。比如，今年获利 300 万元和明年获利 300 万元显然对企业的影响是不同的。

（2）没有考虑风险问题。在复杂的市场经济条件下，忽视获利与风险并存可能会导致企业管理当局不顾风险大小而盲目追求利润最大化。例如，两家企业年初都投入 10

万元，本年也都获利 1 万元，其中，一家企业获利为现金形式，而另一家企业的获利为应收账款。如果不考虑风险大小，就难以正确地判断哪一家更符合企业的目标。

（3）没有反映创造的利润与投入资本之间的关系。比如，同样获得 10 万元的利润，一家企业投入资本 100 万元，而另一家企业则投入资本 200 万元，若不与投入的资本额相联系，就难以判断哪家企业的效益更好。

（4）可能导致企业短期财务决策倾向，影响企业长远发展。追求利润最大化很容易导致企业对自然资源采用"掠夺式经营"或对商业行为使用"一锤子买卖"等短期行为，以牺牲长期利益来换取短期利润的增加。例如，企业放弃战略发展性投资，只顾使用现有设备而不注意其维护与更新，使设备的完好状态受到影响。这样做的结果是，虽然短期内能增加利润，但是丧失了长远持久的竞争力。更有甚者，为了多出利润以美化自己任期内的业绩，拿到任职奖励或达到其他目的，采取少提折旧、少摊各种费用损失、多计收入或收益等手段，使企业形成虚盈实亏的有害局面。

2. 股东财富最大化

以股东财富最大化作为财务管理目标，是近年来较为流行的一种观点。在股份制经济条件下，股东财富由其所拥有的股票数量和股票市场价格两方面来决定。在股票数量一定的前提下，当股票价格最高时，股东财富也就达到了最大化。所以，股东财富最大化，又演变为股票价格最大化。

以股东财富最大化作为财务管理目标存在以下缺点：

（1）通常只适用于上市公司，非上市公司难以应用；

（2）股价受多重因素影响，不能完全准确地反映企业财务管理状况；

（3）它更多的是强调股东利益，而对其他相关者的利益重视不够。

3. 企业价值最大化

企业价值是指企业能在市场上实现的价值，即企业资产未来预期现金流的现值（该现值是以资金的时间价值为基础对未来现金流量进行折现计算得出的），而非企业的账面价值总额。

该目标要求企业采用最优财务政策，充分考虑资金的时间价值、风险与报酬的关系，在保证企业长期稳定发展的基础上，满足各方利益关系，只有这样，才能使企业总价值达到最大。

以企业价值最大化作为财务管理目标，具有以下一些优点：

（1）考虑了资金的时间价值；

（2）考虑了风险与报酬的关系；

（3）克服了企业在追求利润上的短期行为，因为不仅过去和目前的利润会影响企业的价值，而且预期未来现金性利润的多少对企业价值的影响将更大；

（4）用价值代替价格，克服了外界市场因素的过多干扰，有效地规避了企业的短期行为。

但该目标也存在以下一些缺点：

（1）过于理论化，不易操作；

（2）对于非上市公司而言，只有对企业进行专门的评估才能确定其价值，而在评估企业价值时，由于受评估标准和评估方式的影响，很难做到客观、准确。

4.相关者利益最大化

在市场经济中，企业的理财主体更加细化和多元化。股东作为企业所有者，在企业中承担着最大的权利、义务、风险和报酬，但是债权人、员工、企业经营者、客户、供应商和政府也要承担相应的风险。因此，在确定企业财务管理目标时，不能忽视这些相关利益群体的利益。

在衡量相关者利益时，股东的评价指标可以使用股票市价；债权人可以寻求风险最小、利息最大，工人可以确保工资福利，政府可考虑社会效益等。

相关者利益最大化目标的具体内容见图1-2。

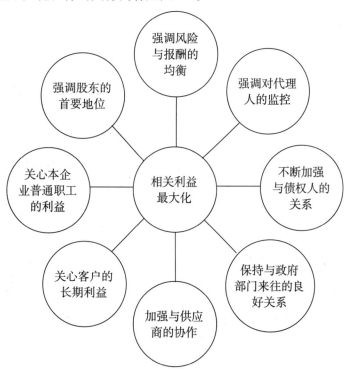

图1-2　相关者利益最大化目标图

可见，以相关者利益最大化为目标，站在企业的角度进行投资研究，避免只站在股东的角度进行投资可能导致的一系列问题，有利于企业长期稳定发展。由于兼顾了企业、股东、政府、客户等多方面的利益，也就是将企业财富这块"蛋糕"做到最大的同时，确保每个利益主体所分得的"蛋糕"也最多，有利于实现企业经济效益和社会效益的统一。

因此，我们认为相关者利益最大化才是企业财务管理最理想的目标。但该指标不易量化或者说不能简单量化，它需要人事、销售甚至工会等企业内部各部门之间的相互配合，才能共同实现利益最大化。

5.不同利益主体之间的冲突及协调

现代企业制度安排的中心议题之一是代理问题。代理问题的存在，会使财务管理目标出现分歧与冲突，这就需要进行有效协调来消除这些分歧与冲突，以期实现其理财目标。在所有的利益冲突协调中，所有者与经营者、所有者与债权人的利益冲突与协调最为重要。

（1）所有者与经营者的利益冲突与协调

在所有权与经营权分离之后，股东的目标是实现财富最大化，会千方百计地要求经营管理者以最大的努力去实现这一目标。但经营管理者通常会偏离这一目标，他们的努力方向是：①增加报酬，包括物质的和非物质的，如工资、奖金、荣誉和社会地位等；②增加闲暇时间和舒适享受；③避免风险，不愿意为股东财富最大化冒决策风险。

概括而言，经营管理者对股东目标的背离主要表现为以下两方面：

一是道德风险。经营管理者从自身利益考虑认为没必要为提高股价而冒风险，"多一事不如少一事"，四平八稳地力保不出大错就行。这样做不会形成法律和行政责任问题，只是道德问题而已，股东很难追究他们的责任，甚至无法从道德上予以谴责。

二是逆向选择。经营管理者从自身利益出发借口工作需要而乱花股东的钱。例如，装修豪华办公室、购置高档小汽车等，甚至采用不正当手段蓄意压低股票价格，以隐蔽的方式进行投机买卖，从中获利，致使股东利益受到损害。

面对经营管理者的上述做法，为了协调这一利益冲突，所有者通常会采用以下方式进行解决：

①解聘。解聘是一种通过所有者约束经营者的利益协调方式。所有者对经营者予以监管，如果经营者绩效不佳，就可以解聘经营者。经营者为了不被解聘就需要努力工作。

②接收。接收是一种通过市场约束经营者的利益协调方式。如果经营者决策失误、经营不力、绩效不佳，则该企业就可能被其他企业强行接收或吞并，经营者也会被解聘。经营者为了避免被接收，就必须努力实现财务管理目标。

③激励。激励是一种将经营者的报酬与其绩效直接挂钩的利益协调方式。激励通常有股票期权、绩效股激励等方式。

股票期权激励是允许经营者以约定的价格购买一定数量的本企业股票，使经营者能够获得股票市场价格高于约定价格的收益。经营者为了获得更大的股票溢价收益，就必然会主动采取能够提高股价的积极措施，从而实现财务管理目标。

绩效股激励是企业视经营者的绩效大小给予经营者一定数量的股票作为报酬，如果经营者的绩效未能达到规定的目标，经营者将失去原来持有的部分绩效股。经营者为了获得更多的绩效股而不断采取措施提高经营绩效，并使股票市价稳步上升，从而增加所有者权益。

（2）所有者与债权人的利益冲突与协调

在企业向债权人借入资金后，股东与债权人之间就形成了委托代理关系。债权人将资金贷给企业，其目的是到期收回本金，并得到约定的利息收入。所以，安全地收回本息是债权人的目标。企业借款的目的是扩大经营，增加股东财富，为此，企业通常会将借入的资金投入高风险的项目。可见，二者的目标并不一致。

为协调所有者与债权人的上述矛盾，通常可采用以下方式：

①限制性借债。限制性借债是指在借款合同中加入某些限制性条款，如规定借款的用途、借款的担保条款和借款的信用条件等。

②收回借款或停止借款。收回借款或停止借款是指当债权人发现公司有侵蚀其债权价值的意图时，采取收回债权和不给予公司增加放款，从而保护自身的权益。

（二）财务管理环节

财务管理环节是指财务管理的工作步骤和一般程序，企业财务管理一般包括以下环节：

1. 财务预测

财务预测是企业根据财务活动的历史资料（如往年的财务分析等），考虑现实条件与要求，运用特定方法对企业未来的财务活动和财务成果做出科学的预计或测算。财务预测是进行财务决策的基础，是编制财务预算的前提。

财务预测采用的方法主要有两种：一是定性预测，是指企业缺乏完整的历史资料或有关变量之间不存在较为明显的数量关系时，专业人员进行的主观判断与推测；二是定量预测，是指企业根据比较完备的资料，运用数学方法建立数学模型，对事物的未来进行的预测。实际工作中，通常将两者结合起来进行财务预测。

2. 财务决策

决策即决定。财务决策是企业财务人员按照企业财务管理目标，利用专门方法对各种备选方案进行比较分析，并从中选出最优方案的过程。它不是拍板决定的瞬间行为，而是提出问题、分析问题和解决问题的全过程。正确的决策可使企业起死回生，错误的决策可让企业毁于一旦，所以财务决策是企业财务管理的核心，其成功与否直接关系着企业的兴衰成败。

3. 财务预算

财务预算是指企业运用科学的技术手段和数量方法，对未来财务活动的内容及指标进行综合平衡与协调的具体规划。财务预算是以财务决策确立的方案和财务预测提供的信息为基础进行编制，是财务预测和财务决策的具体化，是财务控制和财务分析的依据，贯穿于企业财务活动的全过程。

4. 财务控制

财务控制是在财务管理过程中，利用有关信息和特定手段，对企业财务活动所施加的影响和进行的调节。实行财务控制是落实财务预算、保证预算实现的有效措施，也是责任绩效考评与奖惩的重要依据。

5. 财务分析

财务分析是根据企业核算资料，运用特定方法，对企业财务活动过程及其结果进行分析和评价的一项工作。财务分析既是本期财务活动的总结，也是下期财务预测的前提，具有承上启下的作用。通过财务分析，相关人员既可以掌握企业财务预算的完成情况、评价财务状况，又可以研究和掌握企业财务活动的规律，改善财务预测、财务决策、财务预算和财务控制，提高企业财务管理水平。

（三）财务管理环境

财务管理环境又称理财环境，是对企业财务管理产生影响作用的内外各种条件和因素的统称。按其存在的空间可分为内部财务环境和外部财务环境。内部财务环境主要包括企业资本实力、生产技术条件、经营管理水平和决策者的素质等。这些内容将会在后续章节中有所涉及，所以此处不再赘述。

外部财务环境是企业财务决策难以改变的外部约束条件，企业应提高财务行为对环境的适应能力、应变能力和利用能力，企业财务决策更多的是适应它们的要求和变化，更好地实现企业财务管理目标。财务管理的外部环境涉及的范围很广，下面主要介绍法律环境、经济环境和金融市场环境。

1. 法律环境

财务管理的法律环境是指企业进行财务活动，处理与各方经济关系时应遵守的各种法律、法规和规章。财务管理是一种社会行为，必然要受到法律规范的约束。与企业理财活动关系密切的法律法规包括以下几个方面：

（1）企业组织法律规范

企业组织必须依法成立。组建不同的企业，要依照不同的法律规范。按组织形式，可将企业分为独资企业、合伙企业和公司，它们要分别遵守《中华人民共和国公司法》（以下简称《公司法》）、《中华人民共和国中外合资企业法》、《中华人民共和国个人独资企业法》、《中华人民共和国合伙企业法》等。这些法律规范既是企业的组织法，又是企业的行为法。

（2）税务法律规范

税法是税收法律制度的总称，是调整税收征纳关系的法律规范。任何企业都有法定的纳税义务，与企业相关的税种主要有以下五种：

①所得税类：企业所得税、个人所得税；

②流转税类：增值税、消费税、营业税、城市维护建设税；

③资源税类：资源税、土地使用税、土地增值税；

④财产税类：财产税；

⑤行为税类：印花税、车船使用税等。

（3）财务法规

财务法规主要有财务通则和分行业的财务制度，是专门规范企业财务活动的法规。《企业财务通则》是各类企业进行财务活动、实施财务管理的基本规范。对建立资本金制度、固定资产折旧、成本开支范围和利润分配等方面做出了规定。行业财务制度是为适应不同行业的特点和管理要求，依据《企业财务通则》，由财政部制定的行业规范。

总体而言，法律环境对企业财务管理的影响和制约主要表现在以下三个方面：

①在筹资活动中，国家通过法律规定了筹资的最低规模和结构，如《公司法》规定股份有限公司注册资本的最低限额为人民币 1000 万元；规定了筹资的前提条件和基本程序，如《公司法》就对公司发行债券和股票的条件做出了严格的规定。

②在投资活动中，国家通过法律规定了投资的方式和条件，如《公司法》规定股份公司的发起人可以用货币资金出资，也可以用实物、工业产权、非专利技术、土地使用权作价出资；规定了投资的基本程序、投资方向和投资者的出资期限及违约责任，如企业进行证券投资必须按照《中华人民共和国证券法》所规定的程序进行，企业投资必须符合国家的产业政策，符合公平竞争的原则。

③在经营、分配活动中，国家通过法律如《中华人民共和国税法》《公司法》等规定了企业成本开支的范围和标准，企业应缴纳的税种及计算方法，利润分配的前提条件、利润分配的去向、一般程序及重大比例等。

2. 经济环境

经济环境是指影响企业财务管理的各种经济因素，它在影响财务管理的各种外部环境中是较为重要的。经济环境的内容十分广泛，主要包括经济周期、经济发展水平、经济政策和通货膨胀水平等。

（1）经济周期

经济周期又称商业周期、景气循环，是指经济运行中周期性出现的经济扩张与经济紧缩交替更迭、循环往复的一种现象。经济周期一般分为复苏、繁荣、衰退和萧条四个阶段，处于不同阶段的企业，其财务管理也不尽相同。（见表 1-1）

表1-1　经济周期中不同阶段的财务管理战略

复苏	繁荣	衰退	萧条
增加厂房设备	扩充厂房设备	停止扩张	建立投资标准
实行长期租赁	继续建立存货	出售多余设备	保持市场份额
建立存货准备	提高产品价格	停产不利产品	压缩管理费用
开发新产品	开展营销规划	停止长期采购	放弃次要投资
增加劳动力	增加劳动力	削减存货	削减存货
		停止扩招雇员	裁减雇员

（2）经济发展水平

一国或某一经济体的经济发展速度对企业财务管理也有重大影响。当一国经济飞速发展时，能为企业扩大规模、调整方向、打开市场以及拓宽财务活动的领域带来许多机遇。同时，经济快速发展与资金紧张又是一对长期存在的矛盾，这又给企业财务管理带来了严峻的挑战。

（3）经济政策

经济政策是国家或政府制定的解决经济问题的一系列指导原则和措施。经济政策包括经济和社会发展战略、方针，如产业政策、财税政策、货币政策、收入分配政策等。经济政策直接或间接地影响着企业的发展和财务活动的运行。例如，财税政策会影响企业的资本结构和投资项目的选择；金融货币政策会影响企业投资的资金来源和投资的预期收益；会计制度的改革会影响会计要素的确认和计量，进而影响企业财务预测、决策、分析等。

（4）通货膨胀水平

通货膨胀是指在一段时间内物价水平普遍上涨、单位货币的购买力下降的经济现象。通货膨胀形成的原因一般是投入流通中的货币数量大大超过流通实际需要的数量，以致引起货币贬值。通货膨胀对企业财务活动的影响主要表现为：资金占用大量增加，资金需求压力增大；企业利润虚增，资金因利润分配而流失；利润上升加大企业权益资本成本；有价证券价格下降，资金供应紧张，增加企业筹资难度。

企业应在通货膨胀的不同阶段，采取相应的财务策略减轻和防范通货膨胀对企业造成的不利影响。（见表1-2）

表1-2　通货膨胀不同阶段的财务策略

阶段	影响	对策
初期	货币贬值	进行投资，实现保值增值
	物价上涨（采购成本增加）	签订长期购货合同，锁定价格
	资本成本上升	取得长期负债，保持成本稳定
持续期	对债权人不利	采用严格信用条件，减少企业债权
	利润虚增	调整财务政策，减少资本流失

3. 金融市场环境

金融市场是指资金供求双方交易的场所。它有广义和狭义之分。广义的金融市场既是实物资本流动的场所，也是货币资本流动的场所。其业务包括货币借贷、票据的承兑和贴现、有价证券的买卖、黄金和外汇的买卖、办理国内外保险、生产资料的产权交换等。狭义的金融市场仅指有价证券市场，即证券的发行和买卖市场。企业筹资、投资活动是在一定的环境约束下进行的。金融市场是企业财务管理的直接环境，它不仅为企业筹资和投资提供场所，而且促进资本的合理流动和优化配置。

（1）金融市场与企业财务管理的关系

①金融市场是企业筹资和投资的场所

金融市场集合了资金供应者和需求者，并提供各种金融工具和选择机会，使双方能够自由灵活地调度资金。对于融资者来说，金融市场为其提供多种融资渠道，使融资者根据自己的需要适时有效地融通所需资金。对于资金供应者来说，金融市场为其提供了各种投资工具，投资者可从中选择合适的投资方式，达到灵活使用资金并取得最大收益的目的。

②企业通过金融市场实现长短期资金的相互转化

企业持有的股票、债券在企业急需资金时，可在金融市场上转手变现，成为短期资金；远期票据通过贴现，可变为现金；大额可转让定期存单，可在金融市场卖出，成为短期资金。与此相反，短期资金也可以在金融市场上转变为股票、债券等长期资金。

③金融市场为企业理财提供有用的信息

金融市场的利率变动，反映资本的供求状况；有价证券市场的行市反映投资人对企业的经营状况和盈利水平的评价。这些都是企业经营和投资的重要依据。总之，金融市场作为资金融通的场所，是企业向社会融通资金必不可少的条件。企业财务人员必须熟悉金融市场的类型和管理规则，有效地利用金融市场来组织资金的供应和使用，发挥金融市场的积极作用。

（2）金融市场的种类

①金融市场按交易的期限，可分为短期资本市场和长期资本市场

短期资本市场是指期限不超过一年的资本交易市场。由于短期有价证券易于变成货币或作为货币使用，所以该市场也叫作货币市场。短期资本市场主要有拆借市场、票据市场、大额定期存单市场和短期债券市场等。

长期资本市场是指期限在一年以上的股票和债券交易市场。由于发行股票和债券的资金主要用于固定资产等资本货物的购置，所以这一市场也叫作资本市场。长期资本市场上的交易活动由发行市场和流通市场构成，其交易组织形式主要有证券交易所和柜台交易两种。其具体交易方式主要有现货交易、期货交易、期权交易和信用交易。

②金融市场按交割的时间，分为现货市场和期货市场

现货市场是指买卖双方成交后，当场或几天之内买方付款、卖方交出证券的交易市场；期货市场是指买卖双方成交后，在约定的未来某一特定时日才交割的交易市场。

③金融市场按交易的性质，分为发行市场和流通市场

发行市场是指从事新证券和票据等金融工具买卖的转让市场，也叫作初级市场或一级市场；流通市场是指从事已上市的旧证券或票据等金融工具买卖的转让市场，也叫作次级市场或二级市场。

（3）金融市场的构成要素

金融市场由主体、客体、参与人和调节机制组成。

①金融市场的主体

金融市场的主体即连接资金供应者和需求者的中介机构，由银行性质的金融机构和非银行性质的金融机构组成。目前，我国银行性质的金融机构主要有以下几种：

一是中国人民银行，它是我国的中央银行，代表政府管理全国的金融机构和金融活动，主要负责制定货币政策，履行相关职责及经营国库业务；

二是政策性银行，是由政府设立，以贯彻国家产业政策、区域发展政策为目的，不以营利为目的的金融机构，如国家开发银行、中国进出口银行、中国农业发展银行；

三是商业银行，是以经营存款、贷款、办理转账结算为主要业务，以盈利为主要经营目标的金融企业，如国有独资商业银行、股份制商业银行、外资商业银行。

而非银行性质的金融机构通过经营保险业务、证券业务、代人理财业务和融资租赁业务等方式为企业投融资活动充当桥梁，如保险公司、信托投资公司、证券机构、财务公司、金融租赁公司等。

②金融市场的客体

金融市场的客体是指金融市场上的买卖对象，即金融资产，如票据、债券、股票等。金融资产通常具有流动性、收益性、风险性等特点。

③金融市场的参与人

金融市场的参与人即资金的供应者和需求者。

④金融市场的调节机制

金融市场主要借助利率来实现资本的优化配置。利率是资本的价格，它主要取决于资本的供求关系。作为资本价格，它对资本供应方来说属于收益，对资本需求方而言则属于成本。在金融市场中，利率的构成可用下式表示：

利率 = 纯利率 + 通货膨胀补偿率 + 风险补偿率

其中，纯利率与通货膨胀补偿率构成基础利率，风险补偿率又分为违约风险补偿率、流动性风险补偿率和到期风险补偿率三种。因此，影响利率构成的主要因素有以下五种：

①纯利率

纯利率是指没有风险、没有通货膨胀情况下的平均利率。例如，在没有通货膨胀时，国库券的利率可视为纯利率。纯利率的高低，受平均利润率、资本供求关系和国家调节的影响。首先，利息是利润的一部分，所以利息率依存于利润率，并受平均利润率的制约。一般利息率会随平均利润率的提高而提高。利息率的最高限不能超过平均利润率，否则企业无利可图，不会借入款项；利息率的最低界限应大于零。其次，在平均利润率不变的情况下，金融市场上的供求关系决定市场利率水平。在经济高涨时，资本需求量上升，若供应量不变，则利率上升；在经济衰退时，则利率下降。最后，政府为防止经济过热，通过中央银行减少货币供应量来抑制资本需求量，从而使利率上升；政府为刺激经济发展，常常会增加货币发行量，情况则恰恰相反。

②通货膨胀补偿率

通货膨胀使货币贬值，从而使投资者或资本供应者的真实报酬率下降。因此，为弥补通货膨胀造成的购买力损失，利率确定要视通胀状况而给予一定的补偿。例如，政府发行的短期无风险证券（如国库券）的利率就是由纯利率和通货膨胀补偿率两部分组成的。

③违约风险补偿率

违约风险是指借款人无法按时支付利息或偿还本金而给投资者或资本供应者带来的风险。违约风险越大，投资者或资本供应者要求的利率就越高，反之则相反。

④流动性风险补偿率

流动性风险补偿率是指资产在短期内出售并转换为现金的能力。资产流动性强弱的标志有两个：一是时间因素；二是变现价格。对于金融市场而言，金融资产的流动性视金融证券发行主体的财务实力而定。例如，小公司的债券流动性相对于大公司要差，作为小公司债券的购买者，就会要求提高利率作为补偿。

⑤到期风险补偿率

到期风险补偿率是因到期时间长短不同而形成的利率差别。从理论上讲，持有不同时间的金融资产利率不同。其原因就在于长期金融资产的风险要高于短期资产风险，从而相应体现收益率差异。

第二章　财务管理与大数据的基本关系研究

第一节　大数据下的财务管理问题与对策

一、大数据下财务管理存在的问题及其原因分析

（一）财务管理观念陈旧

在"大数据"背景下，企业财务管理发生了部分变革，即财务管理的内容、目标与传统模式有所区别。财务管理活动从简单的核算职能向决策职能转变，即从存数据到用数据的转变。而大多数中小型企业的财务管理观念陈旧，财务人员被动执行经营者的命令，缺乏分析财务数据、获取高质量决策信息的能力。由此带来的问题有：现金不足或闲置，大大降低企业的资本收益；生产连续性和稳定性较差，仅仅根据订单生产，在经营淡季出现停工现象；资金回收困难，账面坏账损失较多。完成会计电算化只是大数据时代下财务管理迈出的第一步，但很多企业认为这已经足够，且没有意识到财务管理信息化的重要地位。传统陈旧的财务管理观念在很大程度上阻碍了企业在大数据时代下的发展。

（二）技术水平不高，缺乏复合型人才

目前大数据已经成为国家发展的趋势，然而，我国大数据技术却存在水平不高、扩散不畅的问题，企业的财务管理信息化正面临着大数据时代的技术"瓶颈"。一方面，我国缺乏原创技术，难以构建整个企业的 IT 构架，同时类似于开源社区的新兴组织发展落后，国内大型企业在财务管理中大数据的应用也无法向其他企业扩散；另一方面，基于大数据的财务管理软件不成熟，软件与企业情况不能很好匹配。这使得企业的财务管理活动不能与大数据完美对接。因此，财务管理信息化在技术上还需要更有力的支持。

根据基础性数据分析，我国数据分析人才缺口达 1400 万。在实际的财务管理活动中，

很少有企业能够聘用高素质的数据分析人才，完成对财务数据的整理与分析，进而得到有助于决策的财务信息，导致高层管理人员往往只根据源自财务报表的经验分析来做出决策。所以，人才问题同样是企业财务管理面对的严峻问题之一。

（三）财务管理信息共享性差，"信息孤岛"问题严重

在企业财务管理信息系统建设中会产生众多"信息孤岛"，造成企业信息更新与业务流程不能良好对接，企业的数据开放程度严重滞后，笔者认为原因有以下三点：首先，企业存在信息不对称、不共享的情况。企业的采购部门、物流部门、库存管理部门、生产部门、销售部门构成了企业的经营活动，各部门之间缺少沟通反馈、信息共享，容易陷入停工待料、生产与销售脱节、销售与材料采购不配比的恶性循环；财务管理部门独立于其他部门存在，不能及时掌握有关部门真实的财务状况。其次，我国大多数企业不具备自主开发信息化财务管理软件的能力，仅在原有软件基础上进行个性化设计，很难与企业业务的各个环节完全融合。最后，新老系统之间的不兼容也会导致众多"信息孤岛"。

（四）财务管理信息安全存在隐患

大数据时代，借助互联网，各个经营实体将组成数据大家庭，数据的生成、传播和利用具有快捷性和广泛性，财务管理工作业已成为开放式的经济管理活动，不再局限于企业内部。财务管理信息的内外互通，给信息安全带来隐患，计算机病毒、网络黑客都在威胁财务管理数据的安全。由于信息交流手段多种多样，如传感器、社交网络、电子邮件、文档记录等，其中不乏经营管理数据、客户信息、会计记录细节、预测决策信息，如果遭到泄露，会使企业遭受巨大损失。财务数据的安全管理，不仅是企业平稳发展的保障，也是建设和谐社会的基础。

（五）财务控制能力偏弱，风险意识差

财务控制是指对企业的资金投入及收益过程和结果进行衡量与校正，以确保财务计划的实现。企业不能利用大数据带来的便利条件进行财务分析与决策，导致财务控制能力偏弱，风险意识差，财务分析工作不够全面。多数企业的资金管理和使用存在盲目性，缺少计划安排。经营状况良好时，闲置大量资金不能充分利用；缺少营运资金时，不顾成本、不惜代价进行借贷；不重视各种资金形态的合理配置，在短期债务到期时，因为没有足够的货币资金用以偿还债务，只好"拆东墙补西墙"，甚至无力偿还，影响企业信用。投资活动存在盲目性，风险意识差没有充分的论证过程，很少考虑宏观经济环境变化和市场变化，常常凭借主观认识进行投资决策，造成资金回收困难，资金链断裂。

二、"大数据"背景下加强企业财务管理的对策

（一）建立与"大数据"概念相融合的财务管理观

财务管理人员应将"大数据"概念融入财务管理观，以适应大数据时代对财务管理的挑战。其一，正确认识到大数据时代下转变传统财务管理观念的重要性，在激烈的竞争环境中，订单管理、客户信用评价、供应商信息、税务部门信息等与企业生产销售信息息相关，这些重要信息均来自数据分析，因此可以说企业的生存与发展离不开大数据思想。其二，将大数据的理念与技术融入日常财务管理活动中，形成科学有效的管理方式，最大限度地规避企业财务风险，防止短期行为，从动态平衡的角度追求企业长期的价值最大化，树立集人本、共赢、风险、信息、战略于一体的财务管理观念。

（二）建设企业信息系统架构

2015 年 11 月 3 日发布的《中共中央关于制定国民经济和社会发展第十三个五年规划的建议》，首次提出推行国家大数据战略，争取使大数据在制度、技术、观念等方面取得进一步发展。第一，企业可委托软件公司，招聘计算机技术人才并成立技术开发部，支持创新科研项目，通过硬件备份、冗余系统、负载均衡等可靠性技术，配合相关的软件技术提供的管理机制和控制手段，协同财务管理人员在数据服务层、应用服务层、信息发布层之上建设出能够满足企业财务管理需要的个性化系统（如财务云的应用），为财务管理信息化提供良好的客观条件。第二，建立一个与内部控制制度相结合的会计信息安全管理系统。

（三）提高财务管理人员的综合素质

在如今大数据的发展趋势下，数据的丰富多样性要求财务管理人员不仅是一个具备扎实财务处理能力的专业人士满足核算反映监督的职能，同时应当具备管理会计知识与实践经验，在短时间内通过对数据的加工分析出有价值的信息。熟悉企业的流程和业务，从企业的整个价值链角度谋求企业价值最大化，是大数据时代下财务管理人员综合素质的发展目标。实现这一目标需要从以下三个方面做出努力：在客户与业务方面，需要财务人员对客户的资金流程进行再造，最大限度发挥财务的参谋作用，以实现产品、客户资源的最优化配置；在战略方面，需要对财务管理进行创新，以价值提升为理念，运用产业价值链、商业模式等管理知识分析，积极构建企业整体战略；在运营方面，需要财务人员集中管理财务，减少管理层级，加大企业管理力度。

（四）推进企业财务信息管理一体化

避免"信息孤岛"现象的有效途径是推进企业信息管理平台一体化。一体化的意义在于连接企业所有的价值链，包括基本活动和辅助活动。任何部门的日常活动都离不开资金的使用，财务信息管理一体化使企业能够多层次、全面地进行财务查询与反馈，而非人为地将各个部门的财务信息汇总，避免了财务漏洞的出现。建设大数据资源储备与共享体系，使财务管理能够及时有效地掌握连续、精准的企业运作信息，进行统一的财务核算、资源分配以及资本管理，实现财务资源的高效运转。同时，企业财务信息管理一体化建设，要求企业对资金进行统一高效的管理，这使得企业财务管理的内容、责任传递到各个具体的部门和人员中间，达到责任、权利、利益三者的平衡，有利于实现加强企业深化改革、优化财务管理人员结构、规范现代企业制度的国家宏观战略目标。

（五）防范财务管理信息安全隐患

互联网大数据时代，经济生活的方方面面都离不开网络的支持，信息存储交换、数据处理分析、网络的安全问题是头等大事。没有安全的网络环境，就不会有健康的经济秩序和经济发展。相关部门要提高网络安全的技术水平，不断开发新的防范措施。企业应当提高网络安全意识，防范财务管理信息安全隐患。建立用户身份安全印证和访问控制机制，防止对数据系统的恶意攻击；开发以政府为主导、各服务商参与的财务管理信息系统，为企业提供数据处理服务；建立以企业为单元的会计信息安全管理系统，保证大数据采集的安全和完整。

（六）加强财务控制能力，增强风险意识

市场经济竞争激烈，存在各种经营风险。企业要借助大数据和云计算手段，进行市场分析；利用财务杠杆的作用，加强财务控制能力，化解风险，保持稳定发展；开发新产品，要充分调研市场状况，理性分析，避免盲目上马；注意财务评价指标的动向，关注资产负债率、流动比率、速动比率是否在正常范围内，避免财务风险的出现。进行投资活动，要有充分的论证过程，在认真分析市场状况、投资风险、投资回报、资金成本基础上进行决策。企业经营要有长远意识，不能存在走一步看一步的情况。

总之，大数据时代下的财务管理不再是简单的记账核算机构，财务人员的工作将聚焦于价值管理和创造，其角色也将变为提供决策支持的管理者、企业变革的领导者和可咨询相关业务的合作伙伴。

第二节　大数据引发的无边界融合式财务管理

一、大数据时代对财务管理的影响

大数据的"4V"特点对社会有着极大的影响，使得社会发生了深刻的变革，财务管理也随之发生一定的改变，财务管理利用大数据的特点找到了自身新的创新驱动力。大数据时代来临时，财务管理不再局限于财务自身领域的一隅之地，而是可以渗透到各个不同的领域，其中包括研发、生产、人力资源、销售等领域，可以说大数据时代的来临使财务管理的影响力扩大且作用范围也在不断增加。财务部门从原本的单纯的财务管理活动向数据的收集整理、处理分析方向转变，未来，财务部门的最大任务可能不再是对金钱和资产的单纯管理，而是向着对于各类与财务有关的信息分析的方向发展。具体而言，大数据对财务管理的影响主要体现在以下四个方面。

（一）大数据时代使得财务信息的处理难度增加

大数据时代的来临使得各种信息以爆炸式的速度发展，并且信息的边界正在逐渐模糊，使得许多原本不属于财务信息但是的确会对财务造成一定影响的信息逐渐转化为财务信息，这就使得财务信息的数量变得更为庞大，并且种类也变得更加多样化。因此，以财务信息为工作基础的财务管理工作变得相对复杂，面对如此庞大且多样化的财务信息，财务信息的处理平台及其所涉猎的范围必须扩大。

（二）大数据时代使得财务管理的广度与深度发生改变

在大数据时代下财务管理的管理范围被极大地扩大，除了原来的管理范围之外还管理着很多非财务数据，包括销售信息、研发信息以及人力资源信息。这仅仅是财务管理的广度发生的变化，而在深度方面也发生着变化，其原本只是对大量的结构性信息进行管理，而在大数据时代下，财务管理还必须对一些非结构性信息进行处理与分析，并且因为大数据时代的信息质量较高所以要求财务管理分析的精准性也变得越来越高。

（三）大数据时代使得财务管理的效率得以提升

在大数据时代，由于其财务信息收集的便利性和大数据对于财务数据分析的精准性，使得财务管理的效率得到了显著的提高，很多以往可能需要很久才能够收集并分析出的财务管理论证结果，在大数据时代可能仅仅需要几小时，这种几何倍数的效率提升是有目共睹的。

（四）大数据时代使得财务管理的风险控制能力得以增强

在大数据时代背景下企业在做重大决定时，可以通过对相关数据进行深度挖掘从而减少一些常识性错误以及可预估性错误的发生，从而使企业发生系统性财务风险的概率大大降低，并且由于大数据的存在也可以让企业对未来的预测变得更加精准。

二、大数据时代下的无边界融合式财务管理

（一）无边界融合式财务管理的含义

随着信息技术的进步和管理理念的发展，企业的内外部边界在不断扩展，财务管理的内涵和外延也在不断扩大。大数据时代，企业的所有部门都必须根据新环境的变化做出调整甚至变革，财务管理也不例外，将体现出多部门、多领域、多学科融合的特点。

企业根据产品和市场不同细分为多个业务单元，决策者如何有效地进行资源配置，很难通过经验来判断，最终还要依赖于数据分析。大数据是根据大量真实的最新业务数据进行计算预测，在加工处理信息上利用独特优势，能够有效进行数据挖掘，帮助企业根据自身需求定制财务决策支持系统，对企业进行科学合理的决策建议。借助大数据实现财务信息与非财务信息的融合后，财务决策过程将更加科学合理，避免了单纯依靠财务信息决策带来的不可控风险。此外，大数据的便捷性也使得财务信息的提取更加智能化，充分挖掘潜在信息辅助决策，将资源更好地配置在优势增长领域，提高财务处理效率。

无边界管理理念最早由通用电气原 CEO 杰克·韦尔奇提出，该理论并不是指企业真的没有边界，而是强调组织各种边界的有机性和渗透性，以谋求企业对外部环境的改变能够做出敏捷并具有创造力的反应。无边界融合式财务管理是以企业战略为先导，强调财务以一种无边界的主动管理意识，突破现有工作框架和模式，在价值链的各个环节进行财务理念的沟通与传导，形成财务与其他各个部门的融合，促进企业整体价值可持续增长的财务管理模式。无边界融合式财务管理通过将财务理念渗透到生产经营的各个环节，使信息沟通能打破部门和专业的壁垒，提高整个组织信息传递、扩散和渗透的能力，实现企业资源的最优化配置及价值的最大化创造。

（二）打破财务管理的边界

根据杰克·韦尔奇的描述，企业组织中主要存在垂直边界、水平边界、外部边界、地理边界四种类型的边界，这四种边界将对组织职能的实现造成阻碍。要实现无边界融合式财务管理，必须打破财务管理的这四种边界。需要注意的是，此处提到的打破并不

是指消除所有边界，而是要推倒那些妨碍财务管理的藩篱，具体内容如下。

1. 打破财务管理的垂直边界

财务管理的垂直边界是指组织内部严格的管理层次。传统的财务管理组织架构普遍具有严格的内部等级制度，界定了不同的职责、职位和职权，容易造成信息传递失真和响应时间迟滞。无边界财务管理则要求突破僵化的定位，采用一种部门内部的团队模式，上下级之间彼此信任、相互尊重，力争最大限度地发挥所有成员的能力。此外，减少财务部门的管理层次、实现组织的扁平化管理、建立富有弹性的员工关系、营造创新的文化氛围等都是打破财务管理垂直边界的路径。

2. 打破财务管理的水平边界

财务管理的水平边界是指财务部门与其他部门之间的分界线。现代企业的组织结构往往围绕专业来安排，如分成研发部、制造部、销售部、财务部、人力资源部等。在严格的水平边界下，由于每个职能部门有其特有的目标和方向，都在各自的领域行使职责，久而久之，各个职能部门可能会更多地考虑本部门的利益而忽视企业的整体目标，甚至会因为互相争夺资源而内耗不断。无边界模式下的财务管理则强调突破各个职能部门之间的边界，使财务部门与其他部门互通信息，实现企业价值链和财务链的同步。例如，构建不同部门间的工作团队、进行工作岗位轮换等都是对打破水平边界的有益尝试。

3. 打破财务管理的外部边界

自 20 世纪早期以来，价值链上的大多数企业都一直从独立、分割的角度看待自己的地位，企业间更多的是斗争而非合作。然而如今，战略联盟、合作伙伴以及合资经营的发展速度大大超过了以往任何时候，企业单凭自身的力量已经很难在市场上竞争。作为企业信息管理最重要的部门，财务管理不能只局限于企业内部分析，还要将财务管理的边界进行外部扩展，实现价值链上的财务整合。如将相关企业的信息变动纳入财务管理系统，为产业链上的供应商和客户提供财务培训等帮助，与合作伙伴共享信息、共担风险。

4. 打破财务管理的地理边界

随着企业规模的扩大和全球化进程的加快，企业各个分部的地理位置越来越分散，财务部门的分散也随之形成。而出于整体战略和节约成本的需要，要打破各个地区的财务边界，形成新的财务管理模式——财务共享服务，即将企业各业务单位分散进行的某些重复性财务业务整合到共享服务中心进行处理，促使企业将有限的资源和精力专注于核心业务，创建和保持长期的竞争优势。

（三）无边界融合式财务管理的创新

1. 价值链财务管理理念

在价值链管理体系当中，一个应用价值链会计管理的企业其实处在一个核心区域，以自身为中心向左右与上下延伸，上可以延伸到企业的最初供应商，下则到了最后总的企业客户，左延伸到了企业的事前决策，右延伸到了企业的事后评估。这种上下左右全范围的价值链理念会计管理会使得企业与价值链当中的企业共同获利实现双赢，与此同时，也使得企业本身的事前决策与事后评估变得更加精准明确。在这里要说明的是，这种价值链理论的存在使得企业的营业目标发生了改变，原本企业的价值目标通常都是以利润最大化为前提的，而如今却变为价值最大化，这一转变对于企业而言尤其是中国企业而言是极为重要的。它能使企业在进行各类决策时多考虑其价值而非其利润，使得企业的目光更加长远而非局限于一时。这种价值链理念使得财务管理的职权范围得到了空前的扩大，其从通常的内部管理变为一种可以直接影响到企业决策的管理活动。

2. 业财融合下的财务管理体系

实际上价值链财务管理理念本身就是一种促进业财融合的手段。业务和财务进行融合其本身并不是单纯地将财务人员派遣到业务部门，而是一种结合业务知识与人才培养来重新塑造财务体系与财务流程的方法。这是一种对业务全流程进行财务管理的手段。这样的手段一方面可以避免财务风险的出现，另一方面企业在做决策时可以通过业财联动来获取相关的管理信息，从而做出更加精准的决策。总体来说，业财融合包括业务流程的全面财务管理，公司决策的业财信息提供以及合理有效的绩效考核机制。

三、无边界融合式业财融合下的财务管理体系

业务和财务的融合不是简单地将财务人员分派到业务团队中，而需要以企业前期充分的信息化建设和人才培养为前提，在价值文化的指导下重塑财务流程，对业务全程进行财务管理，通过业财联动为管理层提供决策支撑，在合理有效的绩效考核体系下对业财团队进行监督和激励，使所有的活动都贯穿于价值文化理念中，最终确保企业战略目标的实现。业财融合下的财务管理体系如图 2-1 所示。

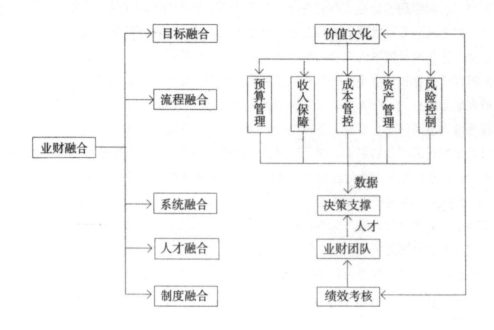

图2-1　业财融合财务管理体系

（一）以价值文化为先导的业财融合

企业的财务管理目标经历了从利润最大化、股东价值最大化向企业价值最大化的演变。业财融合模式下，企业所有的管理活动仍要以价值最大化为目标，将战略管理与财务管理紧密结合，更加注重财务目标的高度和远度。财务文化作为财务管理的文化精髓，在管理实践中所显现的导向、凝聚、激励、约束、协调、教化等作用，是推动财务管理进步的强劲动力。在价值最大化目标下，财务文化也应凸显价值观念。因此，企业要以价值文化为驱动，在业务活动和财务活动中都以追求价值为目标实现融合，使业财融合对公司战略推进和业务发展的决策支持与服务功能得以充分发挥。

（二）以全业务流程业财联动为纲领的流程融合

业财融合最主要的特点就是将财务触角深入公司经营的各个方面，因此需要重塑财务流程，实现全业务流程的业财联动，保证业务信息和财务信息的及时转化。在业务流程中，预算是一切活动的开始，预算与业务流程的融合能够制订出更切实可靠的预算方案；收入是业务流程的核心，通过梳理各个业务环节所涉及的收入点并绘制收入风险地图，能够监控收入全程，保障收入实现；成本管控与业务流程的融合更能体现精益财务的思想，借助信息系统能够对成本发生点进行监控，并及时调整资源的分配；资产是一切经营活动的基础，资产管理与业务流程相结合能够获取更详细准确的资产使用和需求状况；风险控制与业务流程的融合更加满足了全面风险管理的要求。从预算管理、收入保障、成本管控、资产管理、风险控制等多角度出发，能够全方位管理企业经营活动，为管理层提供决策支撑，成为企业财务价值管理和风险防御的有力保障。

1. 预算管理

业财融合下，企业应将预算管理建立在提升企业价值的基础上，建立基于价值链的全面预算管理体系。首先，要求以战略为导向，将具有长远性和综合性特征的战略目标层层分解，落实到具体的业务规划以及具体的责任中心和经营期间，使战略目标具有可操作性。其次，预算管理要紧紧围绕价值活动中的增值活动，寻找增值作业的关键驱动因素，将企业关键资源配置给增值作业。再次，预算管理不仅要覆盖价值链中的每个环节，更要体现不同活动之间的业务逻辑，强调业务驱动预算，从而实现预算的闭环管理。最后，预算管理要适合企业的经营环境和价值链上的各项活动的动态变化，并及时修正预算或业务活动，保证战略目标的顺利实现。

2. 收入保障

收入是企业价值实现的源泉，收入保障是围绕流程和数据进行监测、分析、控制、改进的一系列活动，找出业务流程、系统功能、组织架构等方面可能导致收入流失的风险点，并采取相应的改进控制措施，使收入流失最小化。业财融合下的收入保障更具现实意义，业财团队通过细化业务中的财务问题，开展业财风险诊断工作，能够挖掘公司收入链条中的"失血点"，通过持续优化业务管理流程与系统支撑能力，有效解决收入"失血"问题，最终防范收入流失、保障公司价值的实现。

3. 成本管控

近年来，诸多企业已逐步从以市场扩张与收入提升的成长期过渡到注重效益与创新发展的成熟期。为使企业持久保持核心竞争力，必须通过加强成本管理，贯彻实施低成本高效运营策略。业财融合下的成本管控凸显了精细化的特点，使成本管理贯穿于企业的各项业务活动和管理活动。在财务人员深入了解业务活动的业财融合过程中，能够对业务成本进行细化，迅速找到成本松弛点，进而对成本管控提出合理建议。此外，受益于业财融合的信息化建设，各级业务和财务部门依托成本分析共享平台，行动更加协同。

4. 资产管理

公司整体资产管理水平关系到公司资产的利用效率，对资产的有效管理是提升企业价值的重要方式，如提高固定资产管理效率能够增大企业的投入产出比；而对金融资产的管理更是能够使企业直接从金融市场上获利。在业财融合实践中，财务人员能够深入价值链的各个环节，了解到企业的资产状况，有利于提高资产使用效率，也能够为资产购置和资产投资提供建议。

5. 风险控制

在 COSO 发布的《企业风险管理框架》下，内部控制已经由合规型内控、管理型内控向价值型内控（全面风险管理）演变。业财融合不仅要求财务在发挥会计监督职能过程中与业务部门紧密协作沟通，对发现的问题及时传递给业务部门整改，更要求业务和财务协同处理跨部门、跨地市的风险问题，有效推动风险问题的整改与解决。业财融合下的风险管理体系应以业财人员为风险管理主体，以价值异常变动为风险着眼点，以价值保障为风险管理目的。

（三）以决策支撑为核心的系统融合

企业的财务状况和经营成果直接反映了企业的经营管理状况，为企业未来规划提供决策依据。但是传统的财务管理体系存在诸多弊端，业财融合下的系统融合强调通过企业信息系统建设实现决策支撑功能，通过业务数据化凸显财务管理的重要性。在促进业财系统融合时，应通过全面梳理和优化现有财务和业务系统，支撑业务数据自动生成财务数据，使财务数据能够穿透追溯到业务数据，实现业务财务数据顺畅流转及全面共享，为价值管理进行量化评估提供数据平台。

（四）以业财团队为保障的人才融合

业财融合的实施需要专业的业财团队来完成，团队中的业务人员需要具备相应水平的财务知识。财务人员要具有主动获取需求和深入分析并持续推动的能力、全面的财务知识、较强的宣讲技能和沟通技巧，并且要具备很好的主动思维能力和团队协作精神。为了打造优秀的业财团队，企业可通过举办各种技能培训、读书会、内部技能认证等方式来加强人才培养，从而保障业财融合工作的顺利进行。

（五）以绩效考核为激励的制度融合

业财融合下的制度融合强调建立合理有效的绩效考核制度，为业财团队的高效运作发挥监督和激励作用。业财团队分别接受来自财务部门和业务部门的双向领导，因此也应受到这两个部门的双向考核，这种双向激励的政策有助于业务财务人员深入业务，真正从业务单位的角度思考问题，提供符合业务单位需要的财务支持。

综上所述，无边界融合式财务管理响应了大数据时代对财务管理的要求，为财务管理创新提供了系统化的发展路径。基于此，企业需要不断优化和创新自己的财务管理体系，尝试打破部门和专业壁垒，推行业财融合等新模式，从目标、流程、系统、人才、制度等多维度完善体系，使财务管理参与企业经营的整个过程，为管理者提供多维度、精细化的财务支撑信息，从而增强企业价值创造能力。

第三节　大数据时代下企业的财务决策框架

一、企业财务决策的基础

大数据影响着企业整个架构和企业的分析战略结果。其中，财务数据是大数据中影响企业战略决策的重要因素之一，所以企业在制定战略决策时必须考虑现有资产、负债的总量等财务数据。财务数据对市场营销管理影响很大，在考虑大数据分析的时候不仅要从公司的整体层面去考虑，还要参考财务报表情况，进而优化企业决策结果。大数据下的财务决策是基于云计算平台，将通过互联网、物联网、移动互联网、社会化网络采集到的企业及其相关数据部门的各类数据，经过大数据处理和操作数据仓储（ODS）、联机分析处理（OLAP）、数据挖掘／数据仓库（DM/DW）等数据分析后，得到以企业为核心的相关数据部门的偏好信息，通过高级分析、商业智能、可视发现等决策处理后，为企业的成本费用、筹资、投资、资金管理等财务决策提供支撑。

二、大数据在财务决策中的应用价值

（一）提供公允价值支持，提高会计信息质量

多源异质化的海量数据来源破解了以往会计信息来源单一、估量计算不准确的难题，使企业能够借助大数据实时掌握准确的市场情报，获得准确的投资性房地产、交易性金融资产等公允价值信息。同时，云会计对数据信息具有强大的获取与处理能力且一直处于不断更新状态，通过对市场信息的实时监控，可及时更新数据信息，从而保证会计信息的可靠性和及时性，有效避免信息不畅造成的资金损失。

（二）集成财务与非财务信息，提高财务决策效果

科学有效的财务决策往往需要财务与非财务信息相融合，这个过程过去一般依赖于管理人员自身经验，故具有不确定性。而企业根据产品和市场不同细分为多个业务单元，决策者如何有效地进行资源配置，很难根据经验来判断，最终还要依赖于数据分析。大数据是根据大量真实的最新业务数据进行计算预测，在加工处理信息上利用独特优势，能够有效进行数据挖掘，帮助企业根据自身需求定制财务决策支持系统，对企业进行科学合理的决策建议。借助大数据实现财务信息与非财务信息的融合后，财务决策过程将

更加科学合理，避免了单纯依靠财务信息决策带来的不可控风险。此外，大数据的便捷性也使得财务信息的提取更加智能化，充分挖掘潜在信息辅助决策，将资源更好地配置到优势增长领域，提高财务处理效率。

（三）及时响应市场变化，实现预算动态管理

全面预算是对企业未来一定时期内生产经营活动的计划安排，通常以过去数据为基础制定预算。然而，市场处于不断发展变化的过程中，依赖企业自身历史经营数据构建的全面预算存在着很大的不确定性，最终通常流于形式，不能切实有效地执行。大数据能够帮助企业及时掌控企业目标市场中的用户、产品、价格、成本等信息，辅助企业高效实施全面预算管理，并根据市场变化及时调整预算，真正实现企业的个性化经营，提高对市场风险的应对能力。

（四）多渠道获取数据，实现精准成本核算

成本核算是对于企业经营数据进行加工处理的过程，传统的成本核算通常发生在生产过程之后，会计人员对一定时期内生产经营的费用总额进行核算，根据产品生产情况对费用进行分配。借助大数据技术，企业能够从多渠道获取成本数据，根据实际生产数据分析制定生产工艺流程标准及材料用量标准。工资明细、进销存单据和制造费用等结构化和非结构化数据能够在信息系统中实现实时共享，使成本核算更加细致、精确，便于进行更深入的品质成本分析和重点成本分析，实现精准成本核算。

三、大数据下的财务决策框架

大数据下的财务决策框架由数据来源、数据处理、数据分析和企业财务决策组成，自下向上构成一个完整的财务支撑体系。财务决策的数据主要来源于企业、工商部门、税务部门、财政部门、会计师事务所、银行、交易所等数据部门，包括结构化、半结构化和非结构化三种数据类型。其中，结构化数据主要以数据库和 XBRL 文件的形式体现，半结构化数据主要由机器和社交媒体生成，非结构化数据主要包括文本、图像、音频和视频等。这些数据基于云计算平台，通过互联网、物联网、移动互联网和社会化网络等媒介进行采集。物联网将企业生产运营的各个环节联结成一个整体，采购、库存、生产制造等流程的数据信息通过云计算平台直接接入数据库。互联网、移动互联网和社会化网络通过云计算平台实时采集企业办公、销售和服务等流程中各种类型的数据信息，并存储到分布式文件系统（HDFS）、非关系型数据库（NOSQL）中，或者形成各种格式的文件。借助物联网、移动互联网等媒介实现财务和非财务数据的实时化收集，可以有效避免结算滞后和人工操作带来的会计信息失真，增强财务数据的可信性，提高财务决

策的效率和效果。

数 据 处 理 层 主 要 是 采 用 Hadoop、HPCC、Storm、Apatch Drill、Rapid Miner、Pentaho BI 等大数据处理软件，对从各个数据部门采集到的各种类型的海量数据进行过滤，获取有用的数据，并实现财务数据与非财务数据的融合。数据分析层主要是通过 ODS、DM/DW、OLAP、复杂事件处理（CEP）等专业软件，对处理后的大数据进行数据分析和提取，形成以企业为中心，覆盖工商、税务、财政、会计师事务所、银行、交易所等相关数据部门的有价值的偏好信息。企业财务决策层主要是对各数据部门的偏好信息，借助文本分析和搜索、可视发现、高级分析、商业智能等决策支持工具，实现面向企业的生产、成本费用、收入、利润、定价、筹资、投资、资金管理、预算和股利分配等财务决策。

大数据下的财务决策除了有益于企业，还可为会计师事务所、工商部门和税务部门等数据部门提供业务支撑。基于云计算平台收集和处理数据，将运营数据保存在各个云端而不是企业自己的服务器上，这给会计师事务所的外部审计带来了方便，减少了企业临时篡改数据的可能性，使审计结果更加可靠。同时，企业在运营过程中产生的财务数据和非财务数据可实时接受工商和税务等政府部门的监管，从根本上避免了做假账和偷税漏税等违法行为的发生。

第四节　大数据时代下的财务决策新思维

一、大数据在财务决策应用中存在的问题

（一）数据来源方面

要在财务决策中真正实现大数据技术的应用，必须大量收集企业及其相关部门各种财务和非财务数据。企业运营涉及工商、税务、财政、银行、会计师事务所和交易所等多个利益相关者，数据来源广泛、渠道较多，需要一个长期的数据收集过程。同时，多方面数据来源易导致数据格式不一致，如 XBRL 标准、Excel 和 Origin 等数据软件都有自己的规定格式，难以兼容。这些问题将导致数据来源不足，使得分析结果存在误差，影响企业管理者及时准确地做出财务决策。因此，企业必须构建完整的数据源管理系统，建立相应的保障机制，保证企业数据收集工作能够长期持续地顺利进行。

（二）数据处理方面

数据处理是对原始的结构化、半结构化和非结构化数据进行分析、运算、编辑和整理的过程。目前最先进的大数据处理软件主要有 Hadoop、HPCC、Storm、Apache Drill、Rapid Miner 和 Pentaho BI 等。这些大多是分布式处理软件，对结构化数据的收集计算技术已经比较成熟，但对半结构化、非结构化数据的处理技术还存在一定的缺陷，无法将大量的非结构化数据与结构化数据进行有效的统一和整合。而目前企业财务决策对于非财务数据表现出更强的依赖性，因此如何有效处理半结构化和非结构化数据是大数据在财务决策应用过程中要解决的重要问题。

（三）数据分析方面

数据分析是从众多复杂的财务数据和非财务数据中发现有价值的信息，通过提炼、对比等发现数据的内在联系，对未来数据变化进行分析、预测的过程。企业目前主要使用 ODS、DM/DW、CEP 等技术进行分析，非专业操作人员一般利用 OLAP 进行查询操作。然而，由于数据量的急剧增多和数据类型的复杂性，关系数据库已经无法满足需求，企业需要使用多维数据库来提高数据处理速度，促进自身业务发展。因此，建立满足企业财务决策需求的多维数据库以及相关维度的合理设定是当前大数据技术应用过程中亟待完善的问题。

二、大数据时代下的财务决策的新思维

大数据下的财务决策是基于云计算平台，将通过互联网、物联网、移动互联网、社会化网络采集到的企业及其相关数据部门的各类数据，经过大数据处理和操作数据仓储（ODS）、联机分析处理（OLAP）、数据挖掘/数据仓库（DM/DW）等数据分析后，得到以企业为核心的相关数据部门的偏好信息，通过高级分析、商业智能、可视发现等决策处理后，为企业的成本费用、筹资、投资、资金管理等财务决策提供支撑。在大数据的时代背景下，财务决策需要新思维的产生。

（一）重新审视决策思路和环境

财务决策参与者及相关决策者在大数据的背景下依然是企业发展方向的制定者。但是大数据的思想颠覆了依赖于企业管理者的经验和相关理论进行企业决策的传统模式，拥有数据的规模、活性以及收集、分析、利用数据的能力，将决定企业的核心竞争力。而以前企业的经营分析只局限在简单业务、历史数据的分析基础上，缺乏对客户需求的变化、业务流程的更新等方面的深入分析，导致战略与决策定位不准，存在很大风险。

在大数据时代，企业通过收集和分析大量内部和外部的数据，获取有价值的信息。通过挖掘这些信息，可以预测市场需求，最终企业将信息转为洞察，从而进行更加智能化的决策分析和判断。

（二）基于数据的服务导向理念

企业生产运作的标准是敏锐快捷地制造产品、提供服务，保证各环节高效运作，使企业成为有机整体，实现更好发展。企业不断搜集内外部数据，以提高数据的分析与应用能力，将数据转化为精练信息，并由企业前台传给后台，由后台利用海量数据中蕴藏的信息分析决策。数据在企业前台与后台间、企业横向各部门间、纵向各层级间传输，使得企业运作的各个环节紧紧围绕最具时代价值的信息与决策展开。同样，大数据使得全体员工可以通过移动设备随时随地查阅所需信息，减少了部门之间的信息不对称，使企业生产运作紧跟时代步伐，在变化中发展壮大。在社会化媒体中发掘消费者的真正需求，在大数据中挖掘员工和社会公众的创造性。

（三）采用实时数据以减少决策风险

多源异质化的海量数据来源破解了以往会计信息来源单一、估量计算不准确的难题，使企业能够实时地掌握准确的市场情报，获得准确的投资性房地产、交易性金融资产等公允价值信息。同时，云会计对数据信息具有强大的获取与处理能力，且一直处于不断更新的状态。通过对市场信息的实时监控，可及时更新数据信息，从而保证会计信息的可靠性和及时性，有效避免信息不畅造成的资金损失。JCPenney 是一家服装公司，该公司采用大数据分析工具，实现了对企业内部流程的全面提升，包括全面实现价格优化和流程管理，灵活实现即时分析计算，缩短工作周期时间，提高数据质量和预算业务流程的效率，并利用数据分析工具灵活调整动态预测信息，将组织货源、定价优化以及供应链等环节整合在一起。这种方法使公司的毛利增加了五个百分点、库存周转率提高了10%，连续四年实现了经营收入和可比商店销售额的增长，公司的经营利润也实现了两位数的增长。

第三章　大数据对企业财务管理的影响研究

第一节　大数据对企业财务管理人员角色的影响

一、大数据时代对财务管理人员角色的影响分析

大数据时代随着信息网络和企业一体化管理软件的普及，财务管理人员从账簿的束缚中解放出来，更多地参与企业的管理和辅助决策工作。这样的角色变化，更加凸显会计的"管理"职能。

（一）大数据时代为财务管理人员"管理"职能的发挥提供了条件

会计主要是核算、反映和监督三大职能，财务管理人员收集数据、陈列信息，并对企业的宏观管理施加影响，都是以信息为基础，分别对应不同的信息处理层次，财务管理人员应当扮演起"管理"方面的角色，但由于各方面的原因，财务管理人员的"管理者"角色一直没有得到承认，其"管理性"被忽略。大数据使得财务管理人员为企业提供多样化的决策信息，并为日常的企业经营活动提供管理，使财务管理人员的"管理者"角色日渐突出。在大数据时代各种管理工具的支持下，财务管理人员将进一步发挥基于信息的管理职能，财务管理人员将从"核算者"变成"信息人"，并进一步走向"管理者"的角色。

（二）数据生产方式的转变

数据生产方式的转变是财务管理人员角色转变的动因，随着大数据浪潮在全球范围内蔓延，信息的"生产"工作变得非常简单便捷，财务管理人员脱离数据信息，扮演"直接生产者"的角色势在必行。并且，大数据时代的企业会计数据随时都处于动态当中，是动态实时会计数据。"大数据"真正价值在于通过收集、处理庞大而复杂的数据信息从中获得新的知识。此时的财务管理人员应该从收集和处理会计信息的工作中剥离出来，

交给专门的信息中心去解决,财务管理人员更重要的工作是对会计信息进行综合和判断,对企业的运营提出预测、给出建议、帮助决策及监测企业战略的实施,扮演好"顾问""预测者""风险监测和管理者"等角色,成为专业技能、多面管理的企业运行管理者。

二、大数据时代财务管理人员角色转变的趋势

大数据时代,各种信息网络技术、企业一体化智能化管理工具的应用,以及财务管理人员都是由原来的直接财务信息生产者变为利用财务信息的管理者。在这种实质性的改变中,尤其是高级财务管理人员群体,将在大数据时代不由自主地利用企业的相关财务信息为企业的管理服务。

(一)企业发展的预测者

在财务管理信息化的过程中,财务部门朝着灵活性和快速响应的目标发展是一个渐进的过程。财务管理人员从静态的报表和财务信息数据管理转移到为决策者提供动态业务信息的预测性角色,这是财务工作在大数据时代发展的必然趋势。财务部门掌握着企业最全面的原始业务数据,并在企业数据处理工具的辅助下,掌握了获取各方面信息的最有效途径,是企业的"触觉"。对于现代企业而言,大数据为企业提供了面向未来的途径,企业更多关注点从"现在"转移到"未来"。财务管理人员完全可以利用专业和信息方面的优势,通过系统的优化和技能的提升,对企业运行的方方面面做到实时响应。具备更多经验和管理职能的高级财务管理人员可以利用财务部门掌握的各项数据,对未来的发展趋势和各种可能的风险、市场等做出预测,并对企业的决策和发展提出建议。只有财务管理人员群体在预测性工作方面做出更多的努力,企业才能做出更为长远的规划,避免短视行为。另外,预测工作的有效实施,是企业建立一整套问题的解决方案、应对未来可能发生的突发或重大事件的重要保障。当然,财务管理人员要成为企业预测者角色,离不开有效全面的数据信息和对多种数据信息工具的应用。

(二)企业顾问和其他部门的合作者

大数据时代,核算职能在整个财务工作中的重要性减弱,财务管理人员更侧重于反映和监督职能,并强调其"管理"功能。"反映"职能由原来强调财务信息的客观、透明性,逐渐转变为强调在客观性的基础上,借助信息工具为企业的管理和决策提供更多符合多样化的需求。财务工作不再过多地强调财务人员现实做账的能力,更深层次地讲,财务管理人员其实正在逐渐成为企业的顾问,随时对企业的经营状况做出评价和总结,并结合其他预测性辅助工具,为企业的经营提供建议。从这个角度来讲,财务管理人员应该充分利用好信息工具,扮演好"顾问"的角色。无论财务管理人员作为"顾问"为企业提供哪些方面的经营评价和建议,财务管理人员的定量职能都是不可取代和取消的,

所有这些充分发挥财务管理人员能动性作用的角色，都需要以客观、全面的数据作为基础。尽管如此，大数据时代财务管理人员扮演好顾问角色，为企业提供更多的评价和建议，将成为财务管理人员走向管理和辅助决策职能的必经之路，也是现代企业发展的必然要求。

（三）企业风险的预警者

在全球化浪潮中，所有企业都难以避免地要融入更加复杂多变的世界市场，也使得企业自身面临许多更加不确定的问题。财务管理人员掌握了财务及各个业务方面的信息，对企业的运行和决策产生极为重要的影响，在全球大数据形势下，理应扮演起风险管理者的角色。世界市场充满风险，企业需要完备的风险管理计划，并促进整个企业内部的信息集成，建立高度整合、标准化的财务管理组织，更容易察觉企业所面临的风险。可以看出，"风险管理"是财务管理人员扮演"预测者"角色的一个延伸，要想成为优秀的"风险管理者"，财务管理人员就要通过采用某些智能化信息工具做到实时监控。如设定特定风险阈值，通过热图、仪表盘、记分卡反映风险情况，通过预测性分析和建模检测风险情况等。

（四）信息系统的维护者和个性化信息工具的开发者

大数据时代，财务工作最明显的一个变化莫过于计算机和各种信息工具的广泛应用，财务管理人员以上各项职能的转变都离不开各种自动化、智能化信息工具的支持。长期以来，财务部门所使用的财务管理软件都是由专业的企业管理软件公司开发，并作为商品卖给需要的公司的，当然，也有的企业采取自主开发或者委托开发的方式。在这些方式下，财务管理软件的维护多由这些软件公司或者开发人员来实现，这种维护方式曾经较好地适应了企业的需求，但在企业未来的信息化道路上，信息软件工具的概念呈现一种"淡化"的趋势。一方面，更多的员工接受并熟练使用这些信息工具，并在企业中普遍使用；另一方面，企业对信息工具的需求呈现多样性，并非一套或几套解决方案就能够满足企业的所有需要，于是，财务管理人员在解决问题的过程中，不断地发现针对新问题的局部化信息工具的需求，这种需求处处存在，并需要开发者更具针对性、创新性。这就促使财务管理人员成长为信息化软件的管理者和维护者，并在一定程度上具备开发实用性、个性化信息工具的能力。原来的较大规模和专业性较强的管理系统可以继续交给专业公司或团队去开发，但应该由经过适当培训的财务管理人员来进行维护；对于应用范围相对较小、针对性很强、开发难度相对较小的软件，财务管理人员应该成为首要的开发和维护者。这种模式不仅减少企业的运行成本，也为企业的财务工作提供更为便捷可用的信息工具，在日常应用中减少对专业软件公司或信息部门的依赖，使财务管理人员在工作中能够更加独立地完成其他管理角色。

三、大数据背景下企业财务管理人员角色转变策略

（一）改变财务管理人员观念，提高其综合素质

财务管理人员实现以上角色的顺利转变，自然离不开自身观念的改变和综合素质的提高。首先，观念的转变。大数据时代财务管理人员掌握着企业发展的关键信息，因而需要更加主动地参与企业的决策，财务管理控制已从事后走向事中乃至事前，相应地，财务管理人员的观念也有必要从"被要求"转变为"主动"为决策提供便利。其次，应该全面提高自身素质，具体包括IT技能的提高和事务管理处理能力两大方面。大数据时代，财务管理人员要想更好地使用信息工具做好预测、辅助决策等工作，扮演好顾问、预测者等角色，必须具备一定的IT技能。同时，也只有财务管理人员做到透彻理解、正确运用，才能正确使用和维护财务管理信息系统，提升系统以及企业信息的安全性，保障企业的利益。大数据时代更多变复杂的外部环境迫切要求财务管理人员更加敏捷、全面地对企业运行状况做出分析，并使用创新化、安全、高效手段让这个辅助决策过程更加程序化、自动化。

（二）为财务管理人员建立统一的信息平台

财务管理人员应该适应信息生产集中化、自动化的趋势，整合财务管理部门的资源，实现"信息生产"功能的独立。在未来的财务管理工作中，部分财务管理人员将自己的注意力更多地放在解决一些更有前瞻性、更加灵活多变的非结构化问题上，如投资分析、年度规划、决策支持、风险管理等，以便在财务管理工作中充分发挥"数据"和"信息技术"的作用，实现"财务管理"和"信息数据"的更好结合，进行数据分析。

信息中心的独立和统一信息平台的建立，对企业的信息管理有重要意义：统一信息中心的建立，不仅可以让有用的信息通过一个覆盖整个企业的信息平台和网络在企业内部自由流动实现管理的高效，还可以降低信息的收集和处理成本。在财务管理部门的领导下，信息部门的信息获取和加工围绕企业的战略和需要开展。统一信息平台的建立及财务管理信息获取的集中化，不仅可以利用信息资源和信息工具提高企业经营效率，也使整个企业连成一体，信息自由流动，各业务部门全部活动都以提升企业价值为核心，实现"1+1>2"，达到以大数据促进企业价值提升的目的。

（三）改善组织结构和优化工作流程

财务管理人员角色实现转变的道路上，统一的信息平台、信息数据的自由流动、财务管理人员承担多重复合角色并主动发挥更大作用，其实都需要以企业组织、结构工作流程的改善为前提。组织结构方面，扁平化、柔韧化和灵活性是现代企业组织结构发展

的要求，企业需要集灵活性、安全性与创新性于一体的组织形式。为了便于财务管理人员更好地扮演其顾问、预测者、价值链整合管理者等新的角色，企业需要在整个企业范围内，建立扁平化的组织结构，并采用多维制和超事业部制的结构，以实现在沟通上更顺畅、管理上更直接、合作上更灵活、运行上更高效。另外，针对一些特殊的情形，还可采用虚拟化的结构，把不同地点乃至不属于本企业的人才资源联系到一起，实现跨越时空的合作联盟。企业需要进一步规范和优化工作流程，并将其制度化，确保企业的各项流程无缝衔接，并确保各流程都在企业信息系统和风险管理系统的可控范围内，这样才能实现信息中心所获得的各项信息的全面性和完整性，便于企业风险控制措施的更好实施。

（四）加强企业内部控制，明确财务管理人员权责

大数据时代，由于信息的收集、处理工作更加自动化、流程化，非结构化问题在财务管理人员工作中占据更大的比例。在解决这些问题的时候，需要财务管理人员更好地发挥主观能动性，财务管理人员也因此拥有更多的自主权。然而自主权放宽的一个重要问题就是，可能导致财务管理人员不适当使用权限而对企业的利益造成损害。因此，加强内部控制，保障系统和信息安全性、杜绝财务管理人员滥用职权的行为，也是财务管理人员角色得以顺利转变的重要方面。针对财务管理人员权限规范问题，企业应至少做到以下几点：一是对每一个职位进行完整的职位说明，将职位说明书交由在岗人员学习，并在日常的工作中，结合工作实际不断地加以补充、完善；二是完善各项工作的工作流程，将所有的步骤都纳入内部控制体系的范围；三是建立完善的内部控制体系，将各项措施以制度的方式规范化、确定化，为各项措施的实施提供切实的依据。在实施方面，着重从内部控制的三个环节入手：事前防范，要建立内控规章，合理设置部门并明确职责和权限，考虑职务的不兼容和相互分离的制衡要求，还应建立严格的审批手续、授权批准制度，减少权力滥用和交易成本；事中控制，如财务管理部门应采取账实盘点控制、库存限额控制、实物隔离控制等；事后监督，如内部审计监督部门应该按照相应监督程序及时发现内部控制的漏洞。

第二节　大数据对企业竞争优势的影响

一、大数据与战略论

战略论大致可以分为以下两种：以哈佛商学院教授迈克尔·波特为代表的"定位论"；以密歇根大学商学院教授普拉哈拉德与伦敦商学院客座教授加里·哈默尔为代表的"核心竞争力理论"。

定位论认为，企业或者以产品种类为基础，或者以用户需求为基础，或者以与用户的接触方式为基础，确立其成本领先、差异化或目标聚集的竞争优势模式，进而制定防御型或进攻型战略。

核心竞争力理论主张企业关注客户长期价值，明确自身独树一帜的优势，并沿着这两个相对稳定的主线去拓展产品和业务。

两者的思维模式均是在准确预测和判断未来的基础上制定战略，在战略框架内抓落实。两者的决策主体都是商业精英而非员工和社会公众。两者的决策依据均是相对静止的、确定的结构化数据。

殊不知，社会化媒体和大数据动摇了战略论的决策基础。一是决策主体正从商业精英转向社会公众。社会化媒体的出现加大了信息传播的范围和效力，社交网络的普及增进了知识的共享和信息的交互，社会公众已经成为企业决策的中坚力量。他们通过意见的表达、信息的传递，迅速形成信息共同体和利益共同体，成为商业经营决策的依据，也成为其决策的外部压力。二是决策的依据正从结构化数据转向非结构化、半结构化和结构化混合的大数据。在互联网经济时代，原材料、生产设备、顾客和市场等因素的定义越来越不固定，科技正走向跨领域融合，产业界限正逐渐模糊，充斥其中的则是大量的非结构化数据。Gartner 预测，未来 5 年中，企业数据将增长 8 倍，其中 80% 是非结构化数据。

大数据将成为竞争的关键性基础，并成为下一轮产品生产率提高、创新和为消费者创造价值的支柱。这把数据的重要性提升到了竞争性要素的高度。

信息时代的竞争，不是劳动生产率的竞争，而是知识生产率的竞争。企业数据本身就蕴藏着价值，企业的人员情况、客户记录对于企业的运转至关重要，但企业的其他数据也拥有转化为价值的力量。一段记录人们如何在商店浏览购物的视频、人们购买服务前后的所作所为、如何通过社交网络联系客户、是什么吸引合作伙伴加盟、客户如何付款等，这些场景都提供了很多信息，将它们抽丝剥茧，通过特殊的方法观察，将其与其他数据集进行对照，或者以与众不同的方式分析解剖，就能让企业的业务拓展发生翻天覆地的变化。因此，数据是所有管理决策的基础，带来的是对客户的深入了解和竞争优势。

二、竞争战略是否过时

（一）竞争战略的概念

企业的战略管理主要是通过对企业及社会市场的变化进行管理来实现的。企业的战略管理者往往也是不断寻找和发现变化的人，他不仅需要寻找变化，还需要能够快速适应这种变化，并且不断地告诫企业中的所有人这样一个理念：变化是必然的，不可避免并且时刻存在。从 20 世纪初，西方的战略管理研究领域就已经开始了对企业战略变化问题以及由其引起的企业组织变化问题展开了细致深入的研究，并且始终是战略管理领域中的研究热点，而在大数据时代背景下，社会的需求、经济市场的变化可谓瞬息万变，竞争日益激烈，在这样的发展现状面前，加强对企业战略管理变化的研究就显得十分重要和必要了。

以竞争为本的战略思维的产生，源于 20 世纪 80 年代以迈克尔·波特教授为代表的学者提出的竞争战略理论。迈克尔·波特基于影响企业的五种作用力的假设，即新进入者的威胁、供应商的议价能力、替代品或服务的威胁、客户的议价实力，以及产业内既有厂商的竞争，提出了三种竞争优势模型，包括成本领先、差异化和目标聚集。在该理论的指导下，竞争成为企业战略思维的出发点。竞争战略理论认为，行业的盈利潜力决定了企业的盈利水平，而决定行业盈利潜力的是行业的竞争强度和行业背后的结构性因素。因此，产业结构分析是建立竞争战略的基础，理解产业结构永远是战略分析的起点。企业在战略制定时，重点分析的是产业特点和结构，特别是通过深入分析潜在进入者、替代品威胁、产业内部竞争强度、供应商讨价还价能力、顾客能力这五种竞争力量，来识别、评价和选择适合的竞争战略，如低成本、差异化和集中化竞争战略。在这种战略理论的指引下，企业决策者认为企业成功的关键在于选择发展前景良好的行业的战略思维。

（二）大数据时代的商业生态

传统的企业战略管理模式是一个解决问题的正向思维模式，先发现问题再通过分析找到因果关系来解决。但是，大数据环境下企业战略模式则不同，其是按收集数据、量化分析、找出相互关系、提出优化方案的顺序进行的。它是一个使企业从优秀到质的飞跃的积极思维模式，是战略层次的提高。

大数据环境中基于互联网的连接、海量数据的存储和云计算平台的融合，使得商业生态系统在数据获取、传递、处理、共享和应用方面，更加频繁与便利。对企业战略决策而言，不仅要适应系统内环境，参与系统内开放性竞争，还能进一步影响和改变环境。大数据环境中商业生态系统的企业实体网络与虚拟网络相融合，随着数据与交易网络效应的放大，促进数据量能和用户数量的迭代增加，实现资源共享和优势互补，进一步强化商业生态系统的盈利模式和可持续发展。

1. 市场洞察的实时与精准

大数据的实时处理与反映已经覆盖商业生态系统各个链条的各个节点，在既竞争又协同的非线性相互作用下，对于某一方所产生的任何需求及供给都能及时地做出反应，实时并精准地洞察市场的需求和用户的变化，指导企业提升产品与服务创新速度，缩短产品生命周期，基于个性化和差异化数据实现目标市场的细分，与行业耦合。

2. 企业运作的竞合与协同

商业生态系统内企业边界、行业边界越发模糊并几乎融合，开放性也更加明显。大数据背景下，以互联网和电子商务为平台的企业合作伙伴选择范围更广，商业生态系统的成员结构具有动态性，其合作关系表现为非线性的网络化企业运作：一方面体现在传统的大规模企业群体以原有的供应链为基础，向网络生态价值链转变，企业间分工协作、互利共生；另一方面体现在基于协同商务模式构建企业间的密切合作关系，使地域上异地分布、结构上平等独立的多个企业共同组成动态的"虚拟企业"或"企业联盟"。大数据环境下深入剖析商业生态系统新型企业间协同组织形式和运作机制，从而实现商业生态系统资源的优化、动态组合与共享。

3. 社会公众的互动与反馈

大数据背景下商业生态系统各成员之间竞合关系的非线性作用更加具有不确定性，其网络结构也更具脆弱性，以用户参与为核心要素的创新模式对商业生态系统涨落的冲击力更大。大数据环境中海量数据主要来源于由互联网用户自主创造的信息和数据，新的产品或服务从最初的创意设计、生产制造、质量保证到营销策划、销售等价值创造环节都会注重公众的参与、互动和反馈，从而促进产品与服务的持续改进与迭代创新，实现企业与社会化群体的和谐一致与共同发展，全面摒弃传统的"闭门造车"管理模式，进而推动商业生态系统的持续优化和协同发展。

三、大数据时代对企业核心竞争力的挑战

（一）核心竞争力的要素

大数据时代，企业大数据和云计算战略将成为第四种企业竞争战略，并且企业大数据和云计算战略将对传统的企业三大竞争战略产生重要影响。企业管理者要对大数据和云计算高度重视，把其提高到企业基本竞争战略层面。企业大数据和云计算战略可以作为企业基本战略进行设计。因此，数据竞争已经成为企业提升核心竞争力的利器。来自

各个方面零碎的庞大数据融合在一起，可以构建出企业竞争的全景图，洞察到竞争环境和竞争对手的细微变化，从而快速响应，制定有效竞争策略。

企业传统的竞争力包括人才竞争力、决策竞争力、组织竞争力、员工竞争力、文化竞争力和品牌竞争力等。在大数据时代，数据正在逐步取代人才成为企业的核心竞争力，数据和信息作为资本取代人力资源成为企业最重要的具有智能化的载体。这些能够被企业随时获取和充分利用的信息和数据，可以引导企业对其业务流程进行优化和再造，帮助企业做出科学的决策，提高企业管理水平。

根据 IDC 和麦肯锡的大数据研究结果的总结，大数据主要在以下四个方面挖掘出巨大的商业价值：

（1）对顾客群体细分，然后对每个群体量体裁衣般地采取独特的行动；

（2）运用大数据模拟实境，发掘新的需求，提高投入的回报率；

（3）提高大数据成果在各相关部门的分享程度，提高整个管理链条和产业链条的投入回报率；

（4）进行商业模式、产品和服务的创新。

可见，大数据给企业核心竞争力带来了挑战，对数据的收集、分析和共享带来了影响，为企业提供了一种全新的数据分析方法。数据正成为企业最重要的资本之一，而数据分析能力正成为企业赢得市场的核心竞争力。因此，企业必须把大数据的处理、分析和有效利用作为新常态下打造企业核心竞争力的重要战略。

（二）产业融合与演化

企业运用财务战略加强对企业财务资源的支配、管理，从而实现企业效益最大化的目标。其中，最终的目标是提高财务能力，以获取在使用财务资源、协调财务关系与处理财务危机过程中超出竞争对手的有利条件，主要包括以下条件或能力：

（1）创建财务制度的能力、财务管理创新能力和发展能力、财务危机识别的能力等。

（2）通过财务战略的实施，提高企业的财务能力，并促进企业总体战略的支持能力，增强企业核心竞争力。

伴随着大数据时代的到来，产业融合与细分协同演化的趋势日益呈现。一方面，传统上认为不相干的行业之间，通过大数据技术有了内在关联，以及对大数据的挖掘和应用，促进了行业间的融合。另一方面，大数据时代，企业与外界之间的交互变得更加密切和频繁，企业竞争变得异常激烈。广泛而清晰地对大数据进行挖掘和细分，找到企业在垂直业务领域的机会，已经成为企业脱颖而出形成竞争优势的重要方式。在大数据时代，产业环境发生深刻变革，改变了企业对外部资源需求的内容和方式，同时也变革了价值创造、价值传递的方式和路径。因此，企业需要对行业结构，即潜在竞争者、供应商、替代品、顾客、行业内部竞争等力量进行重新审视，进而制定适应大数据时代的竞争战略。

（三）数据资源的重要性

大数据时代，数据成为一种新的自然资源。对企业来说，加入激烈竞争的大数据之战是迫切的，也是产出丰厚的。但是数据如同原材料，需要经过一系列的产品化和市场化过程才能转化为普惠大众的产品。企业利用大数据技术的目的是增强企业决策管理的科学性，实质是新形势下人机结合的企业战略决策系统。通过企业内部决策系统的采集、分析、筛选、服务、协调与控制等功能，判断企业及所在行业的发展趋势，跟踪市场及客户的非连续性变化，分析自身及竞争对手的能力和动向，充分利用大数据技术整合企业的决策资源，通过制定、实施科学的决策制度或决策方法，制定出较为科学的企业决策，保证企业各部门的协调运作，形成动态有序的合作机制。

另外，将企业的决策系统与企业外部的环境结合起来，有利于企业制定科学合理的经营决策，从而保持企业在市场上的竞争优势。毫无疑问，大数据的市场前景广阔，对各行各业的贡献也将是巨大的。目前来看，大数据技术能否达到预期的效果，关键在于能否找到适合信息社会需求的应用模式。无论是在竞争还是合作的过程中，如果没有切实的应用，大数据于企业而言依然只是海市蜃楼，只有找到盈利与商业模式，大数据产业才能可持续发展。

（四）企业不同生命周期中的财务战略与核心竞争力的关系

要提高企业核心竞争力，就要处理好资源的来源与配置问题，其中资源主要指的就是财务资源，因此财务战略的管理对企业核心竞争力的提升起到了重要的推动作用。

1. 企业在竞争力形成初期采取集中的财务战略

企业在竞争力形成的初期，已经具备了初步可以识别的竞争力，在这一时期企业自己的创新能力弱而且价值低，企业可以创造的利润少而且经营的风险比较大。同时，在这个阶段对市场扩展的需求紧迫，需要大量的资金支持。在这个时期由于企业的信誉度不够高，对外的集资能力差，所以在这一阶段企业可以采用集中财务的发展战略，即通过集中企业内部资源扩大市场占有率，为企业以后核心竞争力的发展提供基础。在资金筹集方面，企业应实行低负债的集资战略，由于企业这个阶段的资金主要来源于企业内部，因此在这一时期最好的融资办法是企业内部的融资。在投资方面，企业为了降低经营风险，要采用内含发展型的投资策略，挖掘出企业内部实力，提高对现有资金的使用效率。这种集中财务的发展战略重视企业内部资源的开发，所以可在一定程度上减少企业经营的风险。在盈利的分配方面，企业最好不实行盈利的分配政策，把盈利的资金投入市场开发中来，充实企业内部的资本，为企业核心竞争力提升准备好充足的物质基础。

2. 企业在核心竞争力发展阶段采用扩张财务的战略

企业核心竞争力在成熟、发展的阶段，由于此时核心竞争力开始趋于稳定并且具有一定的持久性，这个时候的企业除了要投入需要交易的成本之外，还要特别注意对企业知识与资源的保护投入。在这一时期，企业要利用好自己的核心竞争力并对其进行强化，在财务上要采用扩张财务的战略，实现企业资产扩张；在融资力方面要实行高负债的集资战略；在投资方面采用一体化的投资；在盈利分配方面实行低盈利的分配政策，来提高企业整体影响力。

3. 企业在核心竞争力稳定的阶段采用稳健的财务战略

企业在这一阶段要开始实施对资源的战略转移，采取稳健的财政战略来分散财务的风险，实现企业资产的平稳扩张。在该阶段，企业可采取适当的负债集资法，因为此时企业有了比较稳定的盈利资金积累，所以在发展时可以很好地运用这些资金，以减轻企业的利息负担。在投资方面，企业要采取多元化的投资策略，在盈利的分配方面可以实施稳定增长的盈利分配法。此时，企业的综合实力开始显著增强，资金的积累也达到了一定的数值，拥有了较强的支付能力，所以企业可以采用稳定增长的股份制分红政策。

四、大数据时代企业竞争优势的演化方向

（一）对企业外部环境的影响

大数据已经渗透到各个行业和业务职能领域，成为重要的生产因素，大数据的演进与生产力的提高有着直接的关系。随着互联网的发展，数据也将迎来爆发式增长，快速获取、处理、分析海量和多样化的交易数据、交互数据与传感数据，从而实现信息最大价值化，对大数据的利用将成为企业提高核心竞争力和抢占市场先机的关键。大数据因其巨大的商业价值正在成为推动信息产业变革的新引擎，大数据将使新产品的研发、设计、生产及工艺测试改良等流程发生革命性变化，从而大幅提升企业研制生产效率。对于传统服务业，大数据已成为金融、电子商务等行业背后的金矿。大数据不仅是传统产业升级的助推器，也是孕育新兴产业的催化剂。数据已成为和矿物、化学元素一样的原始材料。未来大数据将与制造业、文化创意等传统产业深度融合，进而衍生出数据服务、数据化学、数据材料、数据制药、数据探矿等一系列战略性新兴产业。

（二）获取竞争情报的新平台

大数据环境具有典型的开放性特点，企业利用大数据能够最大限度地突破时间和空间的束缚，为企业的发展创建更高的平台。同时，企业经营环境的随机性与变动性不断增强，企业经营模式也应不断随之进行调整，只有做到与外部大环境的发展同步，才能使企业在竞争中站稳脚跟。

大数据的应用为企业的决策提供了客观的数据支持，企业决策不再仅仅依托管理者

的思想和经验，而是更多地依托于完善的数据体系，从而提高了企业的决策准确性，为企业的发展战略指明了道路，增强了企业的竞争力，扩大了企业的可持续发展空间。

（三）实践中的创新尝试

大数据，可以说是史上第一次将各行各业的用户、方案提供商、服务商、运营商，以及整个生态链上游的厂商融入一个大的环境中，无论是企业级市场还是消费级市场，抑或政府公共服务，都开始使用大数据这一工具。以企业供应链为例，通过大数据运营可以实现供应商平台、仓储库存、配送和物流、交易系统、数据分析系统等供应链的全环节整合与优化，实现数据统一管理、全面共享，最终达到供应链管理创新。IBM 对全球多位经济学家调查显示，全球每年因传统供应链低效的损失相当于全球 GDP 的 28%。

零售企业基于大数据的智慧商务平台，可以根据顾客购物行为模型进行订单化采购与销售，合理进行线上线下配送、交易，实现库存管理动态分析预警，同时能保证库存、价格信息的动态实时更新。零售企业百思买的经验值得借鉴，其通过建立集成多个订单管理模块的单一平台，能够对客户引流、选择、购买、支付、提货和服务等零售购买的各环节在线上线下任意组合，通过后台系统各环节数据的打通与共享也极大节约了成本，并提高了库存的准确性和服务水平，最终提升了客户全渠道购买体验。

第三节　大数据对企业财务决策的影响

一、大数据时代下数据质量的保证

（一）管理环境的挑战

大数据时代下，每个个体都是数据的生产者，企业的任何一项业务活动都可以用数据来表示。如何保证大数据的质量，如何建模、提取并利用隐藏在大数据中的信息，从数据收集、数据存储到数据使用，企业必须制定详细、缜密的数据质量管理制度。在数据库设计时要考虑大数据在各个方面可能发生的种种意外情形，利用专门的数据提取和分析工具，任命专业的数据管理人才加强对大数据的管理，增强员工的数据质量意识，以保证大数据的数据质量，从而挖掘出更多准确、有效、有价值的信息。

在云计算的基础上，大数据环境对企业的信息收集方式、决策方案制订，以及方案选择与评估等内容具有一定的影响，从而进一步影响企业管理决策内容。研究内容以及研究现状表明，我国当前企业在发展过程中，运用数据驱动的企业，其内部内容以及财务状况良好，凸显出财务状况的具体实效。大数据当中的数据内容具备先进性特点，对知识经济各项生产要素的发展具有重要作用。大数据的运用已经成为企业实现现代化发展的重要因素，大数据为企业管理决策方面的内容提供了新环境。

（二）流程视角的挑战

从流程的角度，即从数据生命周期角度来看，可以将数据生产过程分为数据收集、数据存储和数据使用三个阶段，这对保证大数据质量分别提出了不同的挑战。

首先，在数据收集方面，大数据的多样性决定了数据来源的复杂性。大数据的数据来源众多，数据结构随着数据来源的不同而各异，企业要想保证从多个数据源获取的结构复杂的大数据的质量，并有效地对数据进行整合，是一项异常艰巨的任务。来自大量不同数据源的数据之间存在着冲突、不一致或相互矛盾的现象。在数据量较小的情形下，通过编写简单的匹配程序，甚至是人工查找，即可实现多数据源中不一致数据的检测和定位，然而这种方法在大数据情形下却显得力不从心。另外，由于大数据的变化速度较快，有些数据的"有效期"非常短，如果企业没有实时地收集所需的数据，有可能收集到的就是"过期的"、无效的数据，在一定程度上会影响大数据的质量。数据收集阶段是整个数据生命周期的开始，这个阶段的数据质量对后续阶段的数据质量起着直接的、决定性的影响。因此，企业应该重视源头上的大数据质量问题，为大数据的分析和应用提供高质量的数据基础。

其次，在数据存储阶段，由于大数据的多样性，单一的数据结构（如关系型数据库中的二维表结构）已经远远不能满足大数据存储的需要，企业应该使用专门的数据库技术和专用的数据存储设备进行大数据的存储，保证数据存储的有效性。据调查，目前国内大部分企业的业务运营数据仍以结构化数据为主，主要采用传统的数据存储架构，如采用关系型数据库进行数据的存储。对于非结构化数据，则是先将其转化为结构化数据再进行存储、处理及分析。这种数据存储处理方式不仅无法应对大数据数量庞大、数据结构复杂、变化速度快等特点，而且一旦转化方式不当，将会直接影响到数据的完整性、有效性与准确性等。数据存储是实现高水平数据质量的基本保障，如果数据不能被一致、完整、有效地存储，数据质量将无从谈起。因此，企业要想充分挖掘大数据的核心价值，首先必须完成传统的结构化数据存储处理方式向同时兼具结构化与非结构化数据存储处理方式的转变，不断完善大数据环境下企业数据库的建设，为保证大数据质量提供基础保障。

最后，在数据使用阶段，数据价值的发挥在于对数据的有效分析和应用，大数据涉及的使用人员众多，很多时候是同步地、不断地对数据进行提取、分析、更新和使用，任何一个环节出现问题，都将严重影响企业系统中的大数据质量和最终决策的准确性。

数据及时性也是大数据质量的一个重要方面，如果企业不能快速地进行数据分析，不能从数据中及时提取有用的信息，就会丧失抢占市场的先机。

（三）技术视角的挑战

技术视角主要是指从数据库技术、数据质量检测识别技术、数据分析技术的角度来研究保证大数据质量的挑战及其重要性。大数据及其相关分析技术的应用能够为企业提供更加准确的预测信息、更好的决策基础以及更精准的干预政策。如果大数据的数据质量不高，所有这些优势都将化为泡影。

在数据规模较小的情况下，关系型数据库就能满足企业数据存储的需要，一般企业信息系统数据库中的记录通常会有几千条或上万条，规模稍大的企业，其数据记录能有几十万条，在这种情况下，检测数据库中错误、缺失、无效、延迟的数据非常容易，几分钟甚至几秒钟就能完成对所有记录的扫描和检测。然而在大数据时代，企业的数据量不仅巨大，而且数据结构种类繁多，不仅仅有简单的、结构化的数据，更多的是复杂的、非结构化的数据，而且数据之间的关系较为复杂，若要识别、检测大数据中错误、缺失、无效、延迟的数据，往往需要数百万甚至数亿条记录或语句，传统的技术和方法常常需要几小时甚至几天的时间才能完成对所有数据的扫描与检测。

从这个角度来讲，大数据环境为数据质量的监测和管理带来了巨大的挑战。这种情况下，传统的数据库技术、数据挖掘工具和数据清洗技术在处理速度和分析能力上已经无法应对大数据时代所带来的挑战，处理小规模数据质量问题的检测工具已经不能胜任大数据环境下数据质量问题的检测和识别任务。这就要求企业应根据实际业务的需要，在配备高端的数据存储设备的同时，开发、设计或引进先进的、智能化的、专业的大数据分析技术和方法，以实现大数据中数据质量问题的检测与识别，以及对大数据的整合、分析、可视化等操作，充分提取、挖掘大数据潜在的应用价值。

（四）管理视角的挑战

管理视角主要探讨企业高层管理者、专业管理和技术分析人员对保证大数据质量的重要性。

首先，大数据的管理需要企业高层管理者的重视和支持。只有得到了企业高层管理者的高度重视，一系列与大数据有关的应用及发展规划才有望得到推动，保证大数据质量的各项规章制度才能得到顺利的贯彻和落实。缺少高层管理者的支持，企业对大数据管理、分析和应用的重视程度就会有所降低，大数据的质量就无法得到全面、有效的保证，从而将会大大弱化大数据价值的发挥，不利于企业竞争能力的提升。因此，企业应该在高层管理者的领导和带领下，增强大数据质量意识，建立完善的数据质量保证制度。

其次，专业数据管理人员的配备是保证大数据质量不可或缺的部分。大数据本身的复杂性增加了大数据管理的难度，既懂得数据分析技术，又谙熟企业各项业务的新型复合型管理人员是当下企业应用大数据方案最急需的人才，而首席数据官（Chief Data Officer，CDO）就是这类人才的典型代表。CDO是有效管理企业大数据、保证大数据质量的中坚力量。企业要想充分运用大数据方案，任命CDO来专门负责大数据所有权管理、定义元数据标准、制定并实施大数据管理决策等一系列活动是十分必要的。

CDO的缺失是国内数据管理方式落后的直接体现，而落后的数据管理方式是影响大数据应用、阻碍大数据质量提升的重要因素之一。传统的数据管理方式已经远远不能满足大数据环境下数据质量的要求。以往大部分企业在运营过程中均由业务部门负责掌管数据，IT部门负责信息技术的应用。这种分离式的运营管理方式容易造成业务人员不了解分析不同数据所需的不同IT工具，而IT人员在运用IT技术分析数据时不了解数据本身的内涵，甚至会做出错误的数据解释，影响企业决策的准确性和有效性。

为此，企业应该对组织架构体系及其资源配置进行重组，让数据管理与分析部门处于企业的上游位置，而设立CDO便是企业重组的成功标志之一。

大数据环境下，还应配备专业、高端的数据库设计和开发人员、程序员、数学和统计学家，在全面保证大数据质量的同时，充分挖掘大数据潜在的商业价值。此外，在大数据生产过程的任何一个环节，企业都应该配备相应的专业数据管理人员，通过熟悉掌握数据的产生流程进行数据质量的监测和控制，如在数据获取阶段，应指定专门人员负责记录定义并记录元数据，便于数据的解释，保证企业全体人员对数据有一致、正确的理解，保证大数据源头的质量。

二、大数据对企业管理决策的影响

（一）大数据环境下的数据及知识管理

1. 大数据的数据管理

在大数据环境下，企业管理决策内容的技术含量以及知识含量得到丰富，数据已经成为企业管理决策的重要内容。有效地对数据质量以及数据内容进行管理，对企业发展具有重要作用。一旦企业不重视数据内容的处理与存储，将造成大量数据内容流失，严重影响企业通过数据分析当前市场环境，最终导致企业市场竞争力下降。

传统上，我们认为会计的基本职能是核算与监督。企业中会计人员的主要精力都放在了会计单据的审核、记账、报告、归档等基础工作上。这种格局在大数据时代将发生也正在发生着变化，会计由"核算财务"向"价值提升"转化。大数据的数据管理过于烦琐，需要对整体的解决方案内容进行筛选、抽取与集成，保证大数据处理的质量与可靠性，在此基础上对各项信息及内容进行总结，数据的产生与处理需要满足处理的根本性需求，将数据实时分析的内容作为处理核心内容，发现实时数据的具体作用。在这一层面上，需要对实时数据的及时处理予以充分重视，数据之间的关系内容呈现出关联性特点。大数据的出现，使得数据之间的各项内容呈现出关联性特点，转变了传统的因果关系体系。这种方式的转变，使得大数据能够实现信息挖掘，提升信息的可靠性，发现大数据的具体价值。

2. 大数据的知识管理

基于知识管理的角度进行分析，数据当中蕴含着大量知识内容，同时也是影响决策内容的重要因素。在大数据时代下，企业想要获取管理决策方面的知识内容，就要利用大数据对各项数据进行挖掘，从而获得丰富的知识体系。通过上述各项分析内容得知，数据管理与知识管理在一定程度上能够体现企业对大数据的应用状况，保证两方面的协调发展，使得企业在运用大数据的过程中深入挖掘其中内涵，更新企业发展模式，提升企业综合竞争力。

大数据时代，以知识为核心要素的企业创新速度更快，产品生命周期更短；以互联网和电子商务为平台的合作伙伴选择范围更广，企业生态系统的成员结构呈现出一定的动态性；以知识共享和流程优化的生态系统成员合作关系，表现为非线性的竞合关系；以差异化数据为导向的市场细分与行业耦合更趋偶然性。这些非平衡态因素促进了企业生态系统内外的信息、资源、能量等要素的流动，有助于产生自组织现象，以知识为核心要素的技术创新对企业生态系统涨落的冲击力更大。因此，有价值的数据是企业制定战略决策、技术创新、挖掘顾客需求的指南针，也是改变企业生态系统的有序结构形成企业生态系统耗散结构的触发器，从而促使企业生态系统偏离原有的稳定状态，进入新的稳定状态。

（二）对管理决策参与者的影响

1. 凸显数据分析师的价值

在大数据环境下，数据分析师在企业管理决策的具体参与中呈现出重要的作用。数据分析师能够运用统计分析以及分布式处理等各项执行手段，在大量数据的基础上对整个业务操作方面进行有效的整合，通过易于传达的方式将信息传递给决策者。但由于数据分析师人才的大量欠缺，需要多年的培养，在这方面存在一定不足。大数据内容改变了长期以来单纯依靠经验，以及自身具备知识水平与决策能力的决策形式，直觉的判断方式也让位于精准的数据分析内容，使得决策者的自身职能手段发生相应变化。基于企业内部的高层管理人员进行分析，由于传统企业生产经营过程中对于数据方面的应用较为欠缺，并且数据缺乏全面性的特点，高层管理者只能凭借自身经验进行管理决策内容的制定与判断。

大数据的出现，能够基于数据的基础分析，从事实角度出发，结合管理者的管理经验，对决策准确性具有促进作用。对于企业的一般管理者与员工，能够为其提供决策所需要的信息内容，以提升决策能力和决策水平，使决策内容更加倾向于企业的员工。

互联网信息时代，科技水平的发展正在促进各个领域之间的融合，使得产业界限逐渐模糊，社会化的决策内容正在崛起。因此，多元化的大环境内容更加突出，决策来源呈现出广泛的发展趋势，全员参与的管理决策方式也已经被广泛关注。

2. 创新以大数据为基础的关键业务和活动流程

大数据背景下，企业生态系统的主体、资源、结构、价值、边界网络等要素进行不断的动态演化和重构，创新以大数据为基础的关键业务和活动流程是企业生态系统获取竞争优势的动力源泉。创新以大数据为基础的关键业务和活动流程主要包括：

（1）基于大数据的流程优化，提高业务流程的处理效率，如物流企业通过对合作伙伴多维大数据的分析，找出企业物流配送的最优运输模式和路线，提高物流配送效率。

（2）应用大数据作为企业活动的关键资源，创新企业生态系统的价值活动，如玩具制造企业，通过挖掘企业生态系统中合作伙伴的交易数据、客户购买行为数据、产品质量数据等关键资源，改进产品的设计和性能，创造企业新的价值增长点。

（3）以大数据活动取代企业传统的业务和流程，形成企业生态系统新的经营方式和合作模式，如沃尔玛和宝洁公司，通过对商业数据的分析形成联合库存管理，改变了传统的库存管理的业务类型和活动流程。

（三）对管理决策组织的影响

1. 重构决策权

大数据之下的全员参与内容，使得企业决策中的参与决策内容发生转变，对决策权的内容进行重新分配，严重影响企业的决策组织和决策文化的内容。对于企业管理决策组织方面进行分析，主要包含两方面：一方面为集中决策与分散决策的选择；另一方面为决策权的分配问题。

基于集中决策与分散决策的内容进行分析，从组织理论层面来看，可预测的环境对于企业的组织过程施加的影响较小，有利于形成集中分层的决策结构，在不可预知的环境中，分散决策结构对于管理决策具有重要的指导作用。但基于动态变化的环境，分散决策更能够发挥出集中决策所不能发挥的作用，为企业管理决策制定提供便利。

除此之外，企业组织结构当中的内容还在一定程度上受到知识分布以及知识转移成本方面的影响，一旦企业内部的高层领导者处于集中状态，就需要通过集中决策结构对管理决策内容进行制定。

基于决策权的具体分配进行分析，企业在市场经济竞争中不具备优势的主要原因是没有将具体决策权分配给个人，并未准确评估个人的基本因素，严重影响管理决策内容制定的质量。员工在企业生产经营过程中所掌握的各项技能以及基本的信息量越多，理论上决策权应该越大。知识与权力内容在协调性方面的匹配程度越高，则说明在进行各项管理决策指标方面的内容越好。信息技术与网络技术在现代的发展，应该基于金字塔型代表的传统管理组织模式，已经逐渐转向人本思想管理内容和扁平化组织结构。

在大数据的发展环境下，企业的内部基层员工也能够掌握相应的主动权内容，使得扁平化的发展趋势更加明显，决策分配顺应相应变化。在企业管理决策制定的过程中，有效地吸纳管理决策当中存在的各方面内容，探析大数据环境下组织结构的建设措施。

2. 重塑企业文化

大数据下的企业管理决策文化方面受到一定冲击。但需要注意的是，大数据时代并不是运用大数据去得到具体内容，而是通过应用大数据能够知道哪些内容。将大数据运用在企业管理决策方面，有效地转变思想观念方面的内容。遇到重大决策时，需要对数据内容进行收集与分析，保证各项内容进行准确、有效的决策，在思想转变的同时提升对数据运用的具体执行能力，并且企业内部的管理人员也需要通过数据促进企业内部管理策略文化的形成，并基于具体数据做出合理分析，优化内部文化的管理决策过程。在企业发展过程中，企业管理人员为应用大数据提升内部管理决策方面的环境，在大数据的基础上对整体企业文化制度以及各方面内容进行创新，提升决策的客观性。

企业从海量的大数据中要挖掘出对企业决策有参考价值的数据，需要经历发现、提取、加工、创新等一系列复杂过程，同时需要企业全体成员参与数据的管理和控制，形成以数据为支持的决策导向。这就需要完善企业生态系统的数据处理制度，形成重视数据处理与应用的企业生态系统文化，主要措施包括建立数据收集和处理的制度文化，如数据收集、存储制度，数据传递、共享制度，保障数据安全制度等。建立起企业员工对数据处理和应用的理念，通过员工技能培训、学习、讨论、考核等方式深化企业员工对数据开发和应用的意识，让企业生态系统全体成员普遍接受以数据应用为核心的工作方式。在企业生态系统成员之间建立行之有效的知识激励机制，包括知识明晰机制、知识绩效机制、知识奖惩机制，以形成特有的、规模化的、不断创新的知识资产和核心生产要素，培育重视大数据处理和应用的企业生态系统文化。

三、大数据时代下的企业决策管理

（一）大数据时代下企业决策管理的困境

1. 环境更加复杂

大数据一方面为企业决策管理提供了更为广阔的空间，在企业决策过程中，提供更多的决策信息来源；另一方面企业面临的决策环境变化速度越来越快，各种与企业相关的数据信息，特别是偶发事件导致数据的不断产生、传播与储存，从客观上要求企业通过云计算平台尽快实现数据的集中整合，构建高度集成的企业决策管理系统，充分挖掘、采集、分析、储存形成海量的企业数据资产。因此，在大数据环境背景下，错综复杂的环境因素影响到企业决策信息的采集与分析、决策方案的制订与选择，从而影响企业对大数据的统一管理，客观上增加决策者进行决策管理的难度。

2. 与企业决策相关的信息价值甄别难度大

大数据时代，互联网上的数据爆炸式增长，人类每年产生的数据量已经从 TB 级别跃升为 PB、EB 乃至 ZB 级别。数据中所蕴含的信息量超越了一般企业管理者数据处理能力的范畴，使处理信息的工作量加大，传统的数据管理和数据分析技术难以有效挖掘这些数据潜在的价值，导致判断该信息的价值困难程度提高，从而导致企业在进行决策管理时，判断、取舍和利用信息价值的难度增大。只有构建基于大数据技术新型的、功能强大的企业管理决策系统，才能更好地为企业采集、甄别、分类、筛选有价值的数据，从而可使企业决策的制定更加科学化。

3. 企业决策的程序滞后于市场变化

传统企业决策程序，一般都要通过长时间的搜集资料、调查研究、分析论证、方案选择与评估，决策程序的复杂很可能导致决策的滞后性，最终导致企业错失发展良机。大数据时代，企业需要制定科学的决策，决策程序要高度简化，市场的激烈竞争要求企业能先他人而动，迅速做出决策，抢占市场制高点，在市场中占有一席之地，即企业未来的竞争主要就是基于大数据的竞争。通过应用大数据中的数据挖掘与分类整合功能，找出对企业决策有价值的数据参考，并迅速进行判断。

4. 企业决策的主体更加多元化

进入信息化工业时代，由于企业决策要求的技术化和知识化不断加强，以及数据的不断增多，不少专家、学者，甚至是技术人员也加入这个决策群中。随着企业决策主体的增加，决策智库成员的多样化与知识的多元化，在一定程度上可以使企业决策中集体主观判断的失误率下降。为提高决策管理的科学化程度，企业级决策管理系统应尽快构建，以更广泛地应用大数据中的数据采集、分析、筛选技术，形成科学的决策数据指标，更好地为管理决策服务。

5. 传统的企业决策方法有待创新

大数据时代，企业决策的制定必须以决策数据为依据，大数据研究不同于传统的逻辑推理研究，其要对数量巨大的数据做统计性的搜索、比较、聚类、分类等分析归纳，关注数据的相关性（或称关联性），通过构建大数据支持的企业决策管理系统，从数量众多的数据中找出某种规律性与隐藏的相互关系网，一般用支持度、可信度、兴趣度等参数反映相关性。只要从数据挖掘中发现某种方法与增加企业利润有较强的相关性，就可能为企业决策管理提供战略支持。数据的相关性及其对于企业决策的重要性，从客观上要求企业管理者应顺应形势及时改进决策管理的方法。

（二）基于大数据支持的企业决策管理系统的构建

1. 基于生态系统及其协同共生的决策创新

大数据为现代企业的运营管理模式带来了深刻变革，使得企业可以整合产业生态链资源，进行产业模式创新；可以重塑企业与员工、供应商、客户、合作伙伴之间的关系进行企业管理创新；可以整合资源，创新协同价值链，提供新的产品与服务，打造新的商业模式。事实上，基于企业大数据的新型企业管理理念和决策模式正在商务管理实践中不断涌现。现代企业将逐渐摒弃"以产品为中心"，注重微观层面的产品、营销、成本和竞争等要素的传统管理模式，转变为"以服务为中心"，注重宏观层面的资源、能力、协同发展、价值创造和产业链合作等要素所面向的"社会媒体—网民群体—企业群"三位一体、和谐共生的"企业网络生态系统"（Enterprise Network Ecosystem）的新型管理模式。因此，结合社会媒体和网民群体产生的丰富的企业大数据，研究企业群体的共生 / 竞争协同演化，建立可持续发展的企业网络生态系统，对于企业管理与决策具有重要意义，同时应重点关注基于社会化媒体的企业众包与协同发展、基于网络大数据的企业生态系统建模、企业生态网络中的协调运作与分配机制等。

2. 大数据支持的企业决策管理系统

在大数据背景下，海量而复杂的数据对企业决策管理系统原有的技术体系结构提出了挑战，同时也要求具备更强的数据分析处理能力及数据驱动业务的能力。为了更好地利用大数据技术并将之运用到企业决策管理中，需要构建新的基于大数据支持的企业决策管理系统模型，对企业原有的业务流程进行优化重组，对各类数据等进行整合。构建基于大数据支持的企业决策管理系统，将之分为三个层面，即数据的获取层、数据的处理层及数据的应用层。数据获取层主要有四个来源，即访问数据、交易数据、网络数据和购买数据。数据的处理层又称为决策协调控制系统，分为五个子系统，分别是决策数据采集子系统、决策数据分析子系统、决策数据筛选子系统、决策数据服务子系统，以及协调控制子系统，其功能依次是数据采集、分析、筛选、服务和协调控制。数据的应用层是基于大数据的企业经营策略，具体包括生产策略、营销策略、财务策略、运营策略、客服策略、公关策略。

四、大数据对企业财务决策的影响

（一）对财务决策工具的影响

在市场经济条件下，企业间的竞争日趋激烈，高效的财务决策已经成为企业角逐的重要砝码。而正确的财务决策往往建立在有效的事实以及大量相关的数据分析基础之上，这对企业的软件技术提出更高的要求。但是，现阶段的企业会计电算化只是主要将手工做账变为电脑做账，真正会分析应用财务数据的电算化系统少之又少。当企业的财务决策人需要某些汇总的数据时，甚至需要会计人员从电算化系统中先导出后再进行人工整合处理，无疑会直接影响企业的工作效率。在大数据环境下，与企业决策相关的数据规模越来越大，类型日益增多，结构也趋于复杂。海量的数据意味着增加了有效使用数据的难度，因此，对企业信息智能化的要求越来越高，财务分析和决策系统也要求做出改进。

（二）对财务决策参与者的影响

1. 更加有利于科学化的决策

传统模式下的财务决策人员往往习惯于借助自身经验来做出决策，但时代在进步，企业所处的决策环境也越来越复杂化，如果财务决策者还是一味地依赖于自身经验，恐怕无法适应市场发展要求。企业管理层必须借助数据挖掘等技术用"数据的眼光"发现和提出正确的问题，从问题出发，基于假设分析解决问题，将决策重心拉回到问题本身上来。大数据分析系统能够运用其强大的数据挖掘技术进行信息汲取，再基于分析得出的财务信息对企业的未来业务进行合理预测。这样有效借助大数据将企业的财务数据与非财务数据进行整合，避免了决策者单纯依靠自身经验决策而带来的风险。大数据分析系统还会在决策人员提取信息时提供相关的辅助信息，使决策过程更加智能化，企业财务决策的效率也提高了许多。

2. 促进决策者与相关人员的信息交流

大数据管理系统使企业各个部门之间的信息交流更加便捷和公开化，企业一般管理者和员工也能很方便地获取与决策相关的信息。在此基础上，如果企业管理者能与一线员工并肩作战，集思广益，就会使决策的能力及质量大大提高。大数据下的财务决策除了有利于企业内部的信息交流，也方便了企业与会计师事务所、工商部门和税务部门等利益相关部门之间的信息沟通。随着云计算技术的推广，企业为了更方便地利用云端平台，会将企业的运营数据存放在云端而不只是企业内部的服务器上。这给注册会计师的审计工作提供了便利条件，企业在运营过程中产生的财务数据和非财务数据也可实时接受工商和税务等政府部门的监管，有利于企业健康良好地发展。

3. 提高了财务管理人员的专业要求

随着大数据技术的快速发展和日益成熟，企业在处理日常业务时会经常建立新的分析模型，这就对财务报告的及时性、现金流的能力以及财务信息的数据挖掘能力等提出了更高的要求，相应地，企业财务人员也要丰富自己的知识和能力。财务人员不仅需要熟练掌握财会方面的专业知识，还需要储备一些关于统计学、计算机科学等方面的知识，这样才能对提高数据可视化水平提供更加广泛的专业支持。所以大数据时代的财务工作者，应当与时俱进，推动财务管理创新。

（三）对财务决策过程的影响

1. 在决策目标的制定方面

过去企业所有的管理决策都是依据自己的产品需要来运作的，而现在要以客户的需求为主，采集客户的需求信息后再制订生产计划。就比如淘宝店的好评和差评机制，顾客对产品的好恶对企业产生了很重要的影响。大数据系统能够基于这些整合、分析这些数据，对企业的财务现状进行总结，为企业未来的经营目标做出精准定位。

2. 在企业全面预算方面

市场充满了不确定性。因此，企业需要定期基于当前的生产经营情况对未来一定阶段进行计划安排。但是，目前许多企业的全面预算都是基于企业管理人的经验加上静态数据建立而成的，缺乏应变性。大数据弥补了抽样调查手段的不足，由于抽样调查所抽取的样本容易受到主客观各种因素的干扰，强化了数据分析结果的真实性。基于大数据的商业分析能够建立在全部样本空间上面，能够准确完成企业业务的相关关系预测，有利于企业全面掌握客户信息以及产品反馈情况，帮助企业动态实施全面预算，应对市场的变化，真正有效地实现企业的个性化运营。

3. 在成本核算方面

成本核算是对企业经营数据进行加工处理的一个过程。企业财务人员会对一定期间的生产经营费用进行核算，并根据生产情况分配费用，而只有从多渠道获取数据才能实现成本的精准核算。透过大数据技术，企业能够多渠道得到成本数据，并据其分析出符合实际需求的材料用量标准。在系统中实现对工资明细、进销存单据和制造费用等结构化和非结构化数据的共享，能够使成本核算更加细化和精准，也有利于企业进行重点成本分析，最终实现成本的精准核算。

五、大数据时代下的财务决策

（一）通过财务战略优化资源配置

1. 利用大数据优化财务分析

要想更好地提升企业的财务管理能力，企业就必须进一步明确财务分析和大数据的关系，统筹兼顾，实现资源的优化配置。众所周知，财务数据是企业最基本的数据之一，其积累量较大，其分析结果直接影响着企业财务管理的最终质量。因此，企业在进行决策分析时，必须坚持客观公正原则，以财务数据为基础，制定明确的分析指标和依据，以保证企业财务管理的平稳推进和运行。在进行财务分析时，财务管理人员应先查找和翻阅当期的管理费用明细，并将其与前一阶段的数据进行对比，找出二者之间的主要差异，从而找出管理费用的变化规律，最终得出变化原因。在进行原因分析时，财务管理人员可以建立一个多维度的核算项目模型，并在模型中做好变化标记。

在整个分析过程中，财务人员往往要花费大量时间用于管理费用的核算与验证，同时查找相关资料。在财务软件中，上述系列动作要切换不同的界面。而如果利用大数据技术，只要通过鼠标的拖拽，就可以在短短几秒钟内分析出所有管理费用明细发生在每个部门的情况。对于企业的决策者而言，通过对财务信息的加工、搜集和深度分析，可以获得有价值的信息，促使决策更加科学、合理。

2. 利用大数据加强财务信息化建设

大数据可能对会计信息结构产生以下两个方面的影响。

（1）会计信息中非结构性数据所占的比例会不断提高。大数据技术能够实现结构性和非结构性会计信息的融合，提供发现海量数据间相关关系的机会，并以定量的方式来描述、分析、评判企业的经营态势。因此，我们越来越有必要收集非结构化数据，并对其加以解读和理解。

（2）在特定条件下，对会计信息的精准性要求会降低。大数据时代，会计信息的使用者有时可以接受非百分之百精确的数据或者非系统性错误数据，这可能会对会计信息的质量标准提出新的观察维度：会计人员需要在数据的容量与精确性之间权衡得失，是强调绝对的精准性，还是强调相关性。

为此，在财务信息化的建设上，第一，在企业内部逐步建立完善的财务管理信息化制度。制度保障是企业信息化的第一步，因为信息化并不是一蹴而就的，只有从制度层面做出规定，才能保障信息化切实有效地推进。构建网络化平台，实现企业的实际情况和网络资源的有机结合，达到解决企业信息失真和不集成的目的。构建动态财务查询系统，实现财务数据在不同部门之间的迅速传递、处理、更新和反馈。第二，加大监管力度。发挥互联网的优势，利用信息化的手段实时监控各部门的资金使用情况，将资金的运行风险降到最低，使资金的使用效率最大化，同时要注意保障财务数据安全。

3. 构建科学的财务决策体系

为建立科学的大数据财务管理决策体系，第一，要强化企业决策层对大数据的认识。因为在传统决策中依靠经验获得成功的案例比比皆是，再加上大数据需要投入大量的人力、物力，短期内很难给企业带来明显的效益提升，所以很多决策者认为企业财务决策与大数据关系不大。这种认识是片面的，企业只有正视这种变化，才能从数据中获得自己想要的信息，认识到自己面临的风险，从而做出合理的决策。第二，要结合企业的实际情况，建立有效的基于大数据的财务决策流程。要改变过去"拍脑袋"做决策的模式，通过积极地收集企业相关数据，建立大数据平台，利用先进的技术从数以千万计甚至亿计的数据中收集、处理、提取信息，挖掘问题背后的相关性，探索企业隐藏的风险和商机，找出问题的解决方案，实现由数据引领决策的目的。

（二）基于大数据的财务决策案例

大数据是数据分析的前沿技术，涉及数据的获取、存储、处理以及应用。构建大数据产业链有利于企业掌握信息技术发展的主动权，提高信息的使用效率。财务决策作为企业财务管理的核心，重在解决企业发展过程中投资、融资以及财务资源再配置的问题，以满足企业构建产业链过程中对资源的需求。阿里巴巴集团成立于1999年，自成立以来，集团建立了领先的消费者电子商务、网上支付、B2B网上交易市场及云计算业务，成为中国最大的网络公司。随着大数据时代的到来，阿里巴巴集团提出了大数据战略，并进行了适时的财务决策。

1.持续引进风险投资为产业链提供资金支持

风险投资（VC）主要是指面向新兴的、迅速发展的、具有巨大竞争潜力的企业所进行的权益性投资。风险投资更符合高新技术产业发展的客观规律，它拓宽了高新技术产业的融资渠道，是高新技术企业十分重要的资金来源。阿里巴巴集团就是高新技术企业运用风险投资的典型代表，在构建大数据产业链的过程中持续利用风险投资来获得资金支持。

在初创时期，阿里巴巴集团获得了来自高盛的500万美元的天使基金，解了燃眉之急；2000年，互联网行业处于低谷，阿里巴巴集团获得了来自软银的2000万美元风险投资资金，顺利渡过难关；2005年，阿里巴巴集团引入雅虎10亿美元的投资。由此可见，风险投资在阿里巴巴集团的发展道路上扮演了重要的角色，集团将这些资金集中用在了技术研发和产业链的构建上。在提出大数据战略计划之后，阿里巴巴集团面临产业链构建中的技术、资金、市场以及管理结构等多方面的问题，企业的经营风险、技术风险、管理风险进一步加大，与此同时，产业链的构建要求以丰厚的资金作为基础。2012年2月，阿里巴巴从银团获得30亿美元、贷款利率在4%左右的3年期的贷款，银团成员包括澳新银行、瑞士信贷集团、星展银行、德意志银行、汇丰控股有限公司以及瑞穗金融集团。2012年9月，阿里巴巴集团获得来自中投联合中信资本、国开金融等20亿美元风险投资资金。这些资金注入企业，集中用于企业技术研发和创新、产业内资源的并购和整合、疏通产业链的现金流，在此基础上阿里巴巴集团形成了广阔的大数据资源、先进的技术和专业的管理团队，同时实现了大数据的存储、分析、应用的连通和推广，加快了产业链构建的步伐。

2.设立云基金以投资于产业链核心技术领域

从技术角度来看，大数据与云计算的关系就像一枚硬币的正反面一样密不可分，大数据产业链的构建必须以云计算技术为依托。2009年9月"阿里云"作为阿里巴巴集团的子公司成立，致力于打造云计算平台，为集团大数据产业链的构建提供核心技术支持。2011年，阿里云公司正式对外提供云计算服务，云计算平台的稳定性和成熟度也在日益完善。阿里云计算取得的骄人成绩和阿里巴巴集团创新使用云基金为云计算投资是密不可分的。2011 年，阿里云公司联合云锋基金启动总额达人民币 10 亿元的"云基金"，云基金的宗旨为支持开发者基于阿里云计算的云引擎开发应用、服务和工具，扶持、引导其成为各自领域内的独立、伟大的公司。阿里巴巴集团创立云基金，为云计算的开发和应用环节持续注资，提高了云计算的发展和应用速度，进而加快了大数据产业链的构建步伐。在云基金的支持下，阿里巴巴集团加快了布局云生态圈的步伐，阿里云公司先后开展了弹性计算云服务、淘宝云服务、阿里云地图服务、阿里云 OS 等服务。同时，阿里巴巴集团还以云基金为支柱，帮助云计算技术上的合作伙伴，支持他们转化为云开发商，从而丰富云计算上的产品和服务。这样做使得阿里巴巴集团和产业链各环节企业之间的交流合作更加紧密，为技术的创新和应用提供了强大的动力。

3. 兼并同产业优质企业，构建"大数据拼图"

2009 年到 2013 年，阿里巴巴集团以人民币 5.4 亿元分两期收购中国万网。中国万网在互联网基础服务行业中的领先地位非常明显，并在"产业布局、客户基础、技术地位"等多方面都具有领先优势。合并中国万网对阿里巴巴集团在中小企业电子商务产业链上的布局有重大促进作用。2012 年 11 月，阿里巴巴集团以 4000 万美元投资陌陌，重在获取后者基于位置的群组社交功能。2013 年 5 月，阿里巴巴集团以 5.86 亿美元购入新浪微博公司发行的优先股和普通股，约占微博公司全稀释摊薄后总股份的 18%。阿里巴巴集团通过收购新浪微博和陌陌的股份，拥有了丰富的社交数据。2013 年 4 月，阿里巴巴集团收购虾米网，随之而来的是充足的音乐数据。2013 年 7 月，阿里巴巴集团投资穷游网，获得了大量在线旅游数据。2014 年 4 月，高德控股有限公司正式与阿里巴巴集团达成并购协议，阿里巴巴集团将占高德截至 2014 年 3 月 31 日总发行在外股份的 28.2%。阿里巴巴集团入股高德后，将进一步加快两者在数据建设、云计算等多个方面的合作步伐，为大数据产业链带来宝贵的地理数据。2014 年 6 月，阿里巴巴集团宣布收购 UC 优视公司全部股份。截至 2014 年 5 月 7 日，阿里巴巴集团一共持有 UC 公司 66% 的股份，累计投资金额超过 6.86 亿美元。UC 将持续为阿里巴巴的产业链提供移动浏览数据。阿里巴巴集团的并购活动和大数据产业链的构建紧密联系在一起，并购为产业链的构建引进了海量的数据，实现上溯产业链的目的：通过资源的整合为产业的技术发展注入了新鲜的血液，加速了大数据的处理和分析过程，以实现产业链中游的畅通无阻。同时，还拓宽了大数据的应用，让更多的企业和人员参与大数据蓝图，为大数据向产业链下游的延伸奠定了基础。

4. 优化组织结构，密切配合产业链整合

产业链的构建涉及新业务的开发，以及对原有业务的创新。为了顺应大数据产业链的发展，阿里巴巴集团对产业链内的核心优质资源进行了并购和整合，集中投资于产业链的核心技术领域，努力开发并形成了初具规模的大数据应用市场。同时，大数据产业又是一个竞争异常激烈的产业，新技术、新市场、新业务以及外部环境的新变化要求更新、更有效的组织结构与之相匹配。为了应对产业链构建过程中内外部环境的变化，阿里巴巴集团适时地进行了组织结构的调整。2012年，阿里巴巴集团设立首席数据官（CDO），对数据进行集中的管理和管控。2013年，阿里巴巴集团专门成立了数据委员会，为集团所有事业部提供数据支持。2013年9月，阿里巴巴集团成立包括数据平台事业部、信息平台事业部、无线事业部、阿里云事业部在内的25个事业部。2014年，阿里巴巴集团又对组织结构进行了大调整。阿里巴巴集团组织结构的调整为大数据产业链的全面形成提供了组织上的支持和保证。

第四节　大数据对企业财务信息挖掘的影响

一、数据挖掘技术在企业中的应用

（一）数据挖掘技术在企业投资管理中的应用

数据挖掘技术在企业投资管理中的应用能有效提升投资收益，降低投资风险，因此企业应该加大数据挖掘技术在企业中的应用力度。首先，投资前应该对投资企业各方面的数据信息进行深入调查，通过数据挖掘技术深入地分析投资企业的财务情况以及未来的发展潜力，精确地估算企业投资的收益率，从多方面综合比较投资对象的情况，从而帮助企业做出正确的投资决策。其次，企业的财务人员可以利用数据挖掘技术对整个市场环境进行分析，从而帮助企业判断在目前的经济大环境下是否应该投资，如果适合投资，投资什么样的行业以及企业才能使企业的风险性最小，收益性最大。

（二）数据挖掘技术在筹资决策中的应用

企业在日常的经营过程中，难免会出现资金紧张的情况，因此需要从外界获得资金，进行筹资。然而，筹资的渠道多种多样，各个筹资方式都有其自身的优势与劣势，企业在如何选择筹资方式时非常头疼，即使经过仔细研究也不能保证其最终确定的筹资方式符合企业发展需求。应用数据挖掘技术，企业就可以根据自身筹资数据、筹资的时间要求等多方面的条件对市场中的筹资方式进行深入的分析和了解，然后选择一种与企业筹资需求最为接近的方式，既能满足企业的筹资需求，又能节省企业的筹资成本，对于企业长期稳定发展非常有帮助。

（三）数据挖掘技术在产品销售中的应用

企业都是通过销售产品最终确定企业的经营利润的，如果企业不能顺利地实现销售，那么企业存在的意义将不能实现，很快就会面临倒闭，由此我们可以非常清晰地知道销售对于企业生存的意义。数据挖掘技术能够有效地分析市场的供求关系，帮助企业确定市场上最好销售的产品类型，让企业获得更多销售机会。企业在应用数据挖掘技术帮助企业进行销售的过程中，首先应该建立趋势分析模型，帮助企业做好销售规划，让企业的产量与销量实现动态平衡。其次企业应该利用数据挖掘技术分析出哪些产品具有长期的发展潜力，通过对产品市场潜力的挖掘扩大企业的生产，使得企业能够充分地抓住发展机遇，获得更好的发展。

（四）数据挖掘技术在财务风险分析中的应用

企业在日常运行的过程中会面临各种各样的风险，数据挖掘技术能够通过数据分析有效控制企业的经营风险，帮助企业获得更加稳定的发展。企业在应用数据挖掘技术进行财务分析的过程中，首先，应该注意对企业各个方面的数据信息进行全面的收集，确保数据分析结果的全面性与准确性。其次，企业应该建立风险预测模型，把相关数据录入风险预测模型中，利用风险预测模式对企业可能面临的风险进行准确的预测，提前防范风险的出现，如果不能很好地防范风险应该立即停止相关活动的进行，一切以保证企业的正常运行为根本出发点。

二、大数据时代的企业财务信息

（一）大数据时代企业财务信息存在的问题

1. 财务信息的相关性与及时性

目前，各企业财务人员多是在一个会计期间结束后才会提供具体的财务数据。这些财务数据更多地反映企业前一阶段的具体经营成果。而财务信息数据不能很好地在企业运营阶段的各个环节及时、有效传递，造成财务信息经常变成"事后诸葛亮"。

如今的财务信息提供的是标准版的三大主表、各类财务比率。这些数据对企业使用者来说相关性不大，成本中心关注的是生产成本，销售部门关心的是不同区域、不同产品的销售情况。在大数据日益变动的时代，简单的三大主表及各种财务比率已不能满足内部使用者的需求。

2. 企业财务信息处理难度不断增加

在大数据时代下，企业财务不仅要面对外部带来的信息交换压力，还要处理好内部各类数据信息的交换问题。大数据导致信息化面临高度分散和高度非结构化的数据来源，对财务信息和业务信息的内部配合提出了新要求。同时，数据越来越多，要从财务、业务、内部控制、政策等多种多样的数据中提取及时、有效的财务数据，难度更大。

3. 专业人才队伍较为缺乏

大数据时代下的财务信息要求专业信息技术较强的相关人员在企业内部控制制度的指导下，借助不断升级的网络技术，采集、加工和处理企业内部与外部的各类数据，以得到具有针对性、时效性的财务信息。由此可见，取得更有效、更有针对性的财务信息是一项既需要具备财务专业知识，也需要涉猎计算机等其他专业领域知识的综合性工作。对这种专业性强、复杂度高的综合性工作，只有具备相关领域的专业知识和操作技能，才能提供更有价值的财务信息。然而，从实际情况来看，当前很多企业的财务专业人才较为缺乏，且对工作人员的综合素质培养存在一定缺陷。

（二）大数据时代提升企业财务信息化的措施

1. 提高对财务信息的重视程度

大数据时代下的财务信息在一定程度上改变了当前企业的财务运作模式，财务信息将从订单、采购、生产到库存、销售等整个环节提供信息支撑。及时、准确的财务信息将在很大程度上提升企业应对市场变化的适时性和有效性。

对企业决策者来说，应充分认识财务信息工作改变的迫切性，财务信息带来的将是一项影响企业长远发展的战略性改变。只有改变传统财务信息提供模式及数据类型，才能建立适用于自身的大数据时代下的财务信息管理系统，并最终有效作用于企业整体战略目标的实现。

2. 设立单独的财务信息管理机构

在大数据时代，设立单独的财务信息管理机构十分必要。企业的核心资源不再局限于货币资金、土地和知识产权等，商业数据也具有同等地位，数量巨大、形式多样的商业数据最终会通过各种形式在财务数据中体现。因此，设立单独的财务信息管理机构并配备具有高度综合素养的财务管理人员来处理商业数据等相关信息数据十分必要。将财务信息管理机构从会计部门中独立出来，配备具有丰富经验的从业人员，可以在体制上使财务信息管理人员从繁杂的会计核算中解脱出来。同时，该部门应配备擅长数据分析的专业人员，专门负责数据解读，实现优势互补。

建立科学的管理框架和流程是提高企业财务信息化、收集数据、处理数据能力的关键。为使企业财务信息化得到有效贯彻，企业决策及管理人员要正确理解信息为管理、为经营服务的本质意义，将科学决策信息支持的工作理念引入经营的各方面。作为企业管理信息化的中心环节，企业财务信息化要和企业基础数据信息化、业务流程信息化、内部控制过程信息化等多种环节交织。财务信息化系统需要实现企业中心数据库与事业部门子系统相互关联，使经营过程中的采购、生产及销售系统中物资流信息与财务信息相关联，从而使企业经营决策具有科学性和实效性。为此，建立科学的管理框架，梳理出科学有效的业务流程，就成为确立企业信息化系统如何筛取重要数据的基础。

3. 建立科学合理的财务信息分类制度

大数据技术可帮助企业建立快速、实时的分析工具，实现产品周期无缝、无差别分析，为企业产品发展提供有效信息支撑。同时，通过大数据技术，财务可为企业发展的各环节提供不同的且有针对性的财务信息，使财务信息不再是公众化的三大报表及财务比率。

在大数据时代，科学技术不断提升，财务人员可根据具体的产业链环节建立财务模型，针对具体环节提供对应的财务数据。例如，实时提供给成本中心需要的产品成本单价，成本中心根据单价情况及时调整工艺或原材料，确保价格优势；提供给销售部门不同区域、不同产品、不同利润率及回款率，使销售部门做出更及时、更有效的反应，确保企业获得最大利润。

4. 提高财务信息化人才队伍的能力与素质

日益复杂的财务环境对企业财务管理提出了更高要求，培训是提高员工综合素质的有效手段，企业需结合自身实际情况，聘请经验丰富的专家指导财务管理人员工作，激发其学习积极性，提高其业务能力。财务数据是企业财务管理的基础，大数据时代财务数据更多的是电子数据。因此，财务管理人员应熟练掌握计算机技术，集中处理数据，提取数据中对企业有利的信息，建立企业需要的新的数据分析模型，合理存储和分配财务资源，进而做出最优的财务决策，及时为企业提供有效财务信息。

三、财务领域的数据挖掘应用

（一）数据挖掘与大数据时代的关系

数据挖掘主要是指财务人员利用科学有效的方法，从大量的数据信息中提取出一些有用的信息帮助企业进行财务管理的一项新兴技术。通过数据挖掘技术能有效提升企业财务管理水平，强化企业各方面的资金运行管理能力，帮助企业获得更加长远稳定的发展。数据挖掘技术在应用过程中需要应用数据库以及人工智能等多方面的知识，因此，企业财务人员想要把数据挖掘技术应用于财务领域，必须加强对各方面综合知识的学习与掌握。只有这样，数据挖掘技术才能充分发挥其自身作用，企业的财务管理水平才能获得实质性的突破与进步。大数据为数据挖掘提供了充分展示的舞台，同时数据挖掘也使得大数据有了更为重要的价值，主要表现在以下几个方面：

第一，数据挖掘能够有效地降低管理成本。大数据有效地拓展知识竞争的深度和广度，构成了知识竞争的重要基础。对企业而言，可通过数据分析优化各个运营环节，辅助决策；还可以通过对海量、精确的客户数据进行分析，或者借助第三方数据分析平台，了解客户的消费行为，预测销售，进行精准营销。

第二，数据挖掘能够实现过去无法或者难以实现的功能。对于一些特殊行业，比如通信行业，通过定位对个人位置信息进行分析挖掘，能够与其他一些公司合作，实现针对性服务，创造新的利润增长点。

第三，数据挖掘创新了管理模式。大数据将会改变组织传统的管理模式和运营模式，成为组织的神经系统中心，有效降低管理成本，提高快速反应能力。通过对大数据的分析与挖掘，能够实现管理流程的优化，将粗放式、经验式的管理变为精细化、数据驱动的管理。

（二）数据挖掘技术应用于财务领域的重大意义

1.提高了企业财务信息的利用率

企业的财务管理水平之所以不高主要是对企业相关信息的利用率低造成的。很多企业为了提高财务管理水平而盲目地学习西方先进的财务管理理论，却忽视了与企业自身实际情况的结合。因此，一些企业即使使用了国际上非常领先的财务管理理念，其财务管理水平依然是停滞不前。企业使用数据挖掘技术以后能够通过数据挖掘技术对现阶段企业各方面的实际情况进行清晰的了解，企业财务人员根据企业的实际情况制订符合企业的财务计划，实行切实可行的财务管理，能够有效提升企业的财务管理水平，提高企业信息的利用率，让企业信息得到充分利用，发挥其自身的作用。

2.简化财务人员的工作量，提升财务人员的工作效率

数据挖掘技术的应用需要使用人工智能技术。人工智能能够为企业财务管理提供更加方便快捷的财务运行流程，减轻财务人员的工作量，提升财务人员的工作效率。数据挖掘技术在应用的过程中还需要应用数据库技术，因此，财务人员在应用数据挖掘技术的过程中能够有效地提升数据分析的工作效率，提高财务数据分析的准确性。由此可以看出，数据挖掘技术是一项综合性非常强的技术，它集多种先进技术于一身，对于提升我国企业财务管理水平做出了重大的贡献，为企业的长期稳定发展奠定了坚实的基础。

3.极大地满足了财务信息智能化需求

财务计划一般都是按照企业以前的财务数据进行分析后制订的，在财务计划具体的实行过程中，还会受到实际情况的左右，企业还需要针对实际情况调整财务计划。传统的财务分析都是通过设置机械化的程序来帮助企业进行财务管理。随着我国市场经济的发展，机械的程序化作业已经不能满足企业对于财务管理的要求。数据挖掘技术能够实现对财务的动态管理，通过人工智能对企业实际中出现的问题进行动态管理。企业管理者能够随时查询自己需要的财务信息，与此同时，数据挖掘技术还能利用数据信息获得更多更有价值的信息，提高企业信息的利用效率，满足企业财务管理的需求。

4.有效降低企业的经营成本

数据挖掘技术是目前较新型的技术，它极大地满足了现阶段企业财务管理的需求，

有效降低了企业的经营成本。首先，数据挖掘技术是利用计算机技术来完成的，它省去了大量的人工分析整理工作，有效提高了财务工作人员的工作效率，降低了企业的人工成本。其次，数据挖掘技术的准确性非常高，这就使得财务人员不用浪费大量的时间寻找财务管理中的错误，降低了财务数据的错误率，提高了企业管理者决策的准确性，最大限度地降低了企业因为决策失误造成的损失。最后，财务模型的建立使得企业减少了财务管理的工作量，使企业财务活动更加规范化，间接提高了财务人员的工作效率，降低了企业的经营成本。

（三）大数据时代财务信息管理启用数据挖掘技术

根据数据挖掘技术的性质、功能及其应用条件，结合财务信息管理的发展趋势与环境，以及财务信息管理技术创新的迫切需求，以论证财务信息管理相关领域应用数据挖掘技术的可行性。

1. 财务信息管理技术方法创新的需求

20 世纪 70 年代以来，尤其是最近 10 年，企业的外部环境发生了许多新的变化，如何在变幻莫测的环境中求得生存和发展成为企业面临的重大问题，战略管理理论由此产生并发展起来。而后，以注重环境适应性为特征的战略管理会计应运而生，对原有的管理会计技术方法提出了挑战，因此就产生了财务信息管理技术方法创新的需求。

财务信息管理原有的技术方法由于其数学假设过强，解决问题的思路过于结构化，大部分方法面向的主要是确定性的管理问题，因此在新的商业环境中显得力不从心。面对新的竞争环境和经济形态及企业经营管理的新思维，财务信息管理的原有技术有些难以胜任，创新技术方法的需求日益迫切。

2. 数据挖掘技术能够满足财务信息管理技术方法创新的需要

财务信息管理本身就是一门多学科交叉的边缘学科，其在发展过程中不断吸收相关学科的技术方法来丰富和发展本学科的技术。数据挖掘技术在处理海量数据方面、数据的深入加工和隐含知识的发掘方面具有特殊的功能与技术优势。无论从财务信息管理兼收并蓄的特征出发，还是从数据挖掘的技术优势考虑，财务信息管理与数据挖掘技术的融合都是自然而然的。

大数据时代的数据挖掘较之前的传统数据分析的优势在于能够对数据进行全量级而非样本级别的分析，能够进行混杂数据类型而非精确类型的数据分析，能够进行相关关系而非因果关系的分析。这三大方面不仅是区别于传统数据分析的特征，也是现代财务信息管理所需要的技术特征。

3. 财务信息管理职能的变化

财务信息管理是为企业经营管理服务的。企业的经营管理，是企业的管理人员对企业的生产经营活动过程进行计划、组织、领导、协调和监督的一系列活动的总称。作为向企业管理提供服务的决策支持系统，财务信息管理要针对企业管理的每一个具体步骤采取措施与之相配合。财务信息管理的职能一般可分为三个方面：成本确定和成本计算、决策与规划财务、控制和评价财务信息管理。在大数据时代的冲击之下，财务信息管理的职能必然发生变化。

（1）成本确定和成本计算

在财务信息管理提供的各种信息中，成本信息是核心。企业经营活动的各个环节都离不开成本信息的运用，财务信息管理在参与企业决策、编制计划和预算等过程中处处贯穿着成本确定和成本计算，因此成本确定和成本计算是管理会计内容的重要方面。目前的成本确定和成本计算所提供的信息仅限于企业的内部信息，即成本确定和成本计算的数据来源只是由企业内部提供的，这对于大数据时代的企业需求是远远不够的。企业需要外部信息，即需要产品竞争对手的信息、行业供应链供应商的信息、本企业和购买商之间的各种竞争与合作的企业外部信息。那么这些企业外部的信息结构就不是企业所能控制的，即外部信息多为半结构化或非结构化的，对这些数据的分析就需要大数据的数据挖掘技术，将这些混杂的非精确的以及机构化的数据进行全量的相关关系分析。因此，基于数据挖掘的企业成本确定和成本计算所能提供的信息，远远超出了传统的成本确定和成本计算的内容，能够为企业的生产、销售活动降低更多的风险，提高企业的管理水平。

（2）决策与规划财务

在企业进行决策的过程中，现代财务信息管理的职责主要是以企业价值可持续稳定增长为目标，着重于以顾客为中心，多种类型的管理会计信息为依据，综合评价各个方案的得失，从而选择最佳方案。在企业的经营决策中，包括短期经营决策、长期经营决策、企业战略目标的决策，以及企业的其他一些重要决策。显而易见，这些决策的产生必须有大量甚至海量的数据分析支持，尤其是在这个越来越以数据为主的时代，对大量甚至海量数据的分析恰恰是数据挖掘技术的优势所在。预测作为决策的前提和基础，必须有精确的分析。现有的预测都是基于企业内部的生产活动和管理进行的，对外部市场的变动信息依赖不多。以销售预测为例，一般地，企业基于历史销售数据和预期销售，通过现有模型的分析，最后得出销售预测。但是，由于技术的局限性，企业没能把同类产品信息、天气、客户消费习惯、目标市场的人文地理和其他一些因素进行分析，使得预测的准确性大打折扣。而在数据挖掘技术的支持下，这些因素都是可以进行分析的。

（3）控制与评价财务信息管理

控制与评价管理是经营管理者的基本职能。在企业内，经营管理活动都是在各个不同组织单位进行的，这些组织单位一般根据作业场所或职能不同来划分。一般来说，所谓管理，首先要确定作为依据的基准原则，然后对下属单位进行指导或监督。控制与评价管理也是这样，在控制与评价管理中适当确定控制与管理的基准或应该达到的目标是十分重要的。控制与评价管理能否做到首尾一致地实施，关键就在于能否确定适当的基准。前面讲到，数据挖掘的主要功能就是把数据进行类别化、关联化，找出内在的联系，这种功能能为确定控制与评价管理的基准提供很大的帮助。

（4）财务信息管理展望

随着社会与技术的不断进步，财务信息管理的职能必然在不断地增加，其中对财务知识的管理必然会是管理会计职能的一个重要内容。首先，数据挖掘技术本身就是知识发现的一个重要过程，在对财务数据和非财务数据的大量分析中，知识将会不断地积累，从而成为财务信息管理的一个重要内容，把企业的财务知识保存起来，成为企业的核心能力。其次，财务信息管理绝非纯技术性工具，要进行更深层次研究，财务信息管理涉及人的价值观念和行为取向问题。因此，行为财务信息管理也有可能成为未来财务信息管理的一个组成部分。在财务信息管理信息的产生、传递和适用过程中，如何解释、预测和引导各有关人员的行为，使财务信息管理的行为职能在企业组织中得到有效的发挥，将会成为未来财务信息管理研究的内容。

第五节　大数据时代对企业财务管理
精准性的影响

一、大数据时代下的企业财务精细化管理要求

（一）增强精细化财务管理理念

目前，市场经济发展迅猛，企业之间的竞争激烈，企业要想获得长远发展就必须提高管理水平，其中财务管理工作占有重要地位。目前，有些企业的管理者没有注重改革财务管理方式，也没有建立全面财务管理体系，导致财务管理工作的片面性，影响了企业的经济效益。基于此，企业财务管理工作应该增强精细化财务管理理念。精细化财务管理是一种现代化的财务管理机制，更加适应企业的发展，企业建立科学的管理，通过业务流程的各个环节分解，然后向企业内部推行计划的精确化、决策制作的精确化、成本控制的精确化、员工考核的精确化等，从而最大限度地节省资源，降低管理成本，实现最深层次挖掘企业价值。精细化财务管理要求企业深化对财务工作职能的认识，将财务工作由记账核算型转向经营管理型。

（二）提高对财务分析的重视程度

企业管理者要帮助和支持财务分析人员熟悉本企业的业务流程，尊重财务分析的结

果，组织和协调各部门积极配合财务分析工作，这样才能发挥财务分析在经营管理中的重要作用。一方面管理者应当定期或不定期地召开财务分析活动会议，预定成绩、明确问题、提出建议或措施、落实责任，使得财务分析在实际经营管理中发挥应有的作用。另一方面财务管理人员要切实做好财务分析工作，不断提高分析质量，为改善经营提高经济效益提供科学依据。

（三）改进财务分析方法

财务分析应多用定量的分析方法，以减少因为分析人员的主观偏好而发生财务分析失真出现的情况。在财务分析中可以较多地运用数据模型，既可以推广运用电子计算机处理财务信息，又可以进一步改进财务分析的方法，增强财务分析的准确性和实用性。还可以按照国家财务制度，联系相关法规政策，考虑不可计量因素进行综合论证，并实际修正定量分析的结果。定量分析与定性分析的结果必须结合起来综合判断，修正误差，使结果更趋于客观实际。对于那些有条件的企业还可以聘请外部人员进行财务分析，以减少分析的主观性。

（四）完善财务精细化管理机制

建立健全企业财务管理监督机制。财务管理监督机制是促进财务管理工作顺利开展的基础保障，主要针对的是企业资金的预算、拨付、核算等工作，要全面做好监督管理，确保财务信息的真实有效性，确保企业资金合理应用，确保整个企业财务管理的有序，建立健全内部控制制度。完善的财务内控制度有利于约束财务管理行为，保障财务管理成效。一方面，财务内控制度需要注重增强财务审计的独立性，通过财务审计确保财务管理的质量；另一方面，要充分考虑外部市场环境，优化和完善内控制度，提高财务管理水平。建立财务管理考核评价机制，有利于约束财务人员的行为，通过奖惩措施调动财务工作人员的工作积极性和主动性。

（五）充分利用大数据

在大数据时代，数据管理技术水平不断提高。在财务管理的数据管理中，就可以充分利用大数据，从数据收集、数据存储、数据分析、数据应用等几个方面有效地进行管理。需要注意的是，要保障财务数据的真实性、准确性，这样才能更好地体现数据的价值。此外，如果数据收集不到位，就会导致财务管理工作捉襟见肘。由此可见，在大数据环境下，企业财务精细化管理的首要工作就是财务数据的收集，不断拓展数据收集渠道，综合考虑企业发展的各方面财务信息，满足企业财务管理需求。再者，数据快速增长也给数据管理带来更大的压力，需要做好数据存储工作。这就要求企业加强内部硬件设施和软件设施的建设，并且根据企业的发展情况，完善财务数据库，系统地进行数据整合和储存，为企业财务分析提供良好的数据基础。此外，为了应对大数据的发展，企业还要加强对财务人员的管理和培训，提高财务管理人员的数据分析能力和数据应用能力，保障合理地对数据进行整合、归纳、分析以及应用。

（六）提高财务人员的整体素质

随着信息技术的普及推广，目前会计电算化不断发展，会计电算化只是分析的手段和工具，财务分析人员才是财务分析工作的真正主体，财务人员素质的高低直接影响财务管理的质量。因此，企业应当选拔一批优秀的财务人员担任这项工作，同时在企业内设立专门的财务分析岗位，培养适应本企业的专业分析人员。在选拔财务分析人员的过程中应同时注重基本分析能力、数据的合理修正能力还有综合分析能力，切实提高分析人员的综合素质。再者，为了避免决策者做出错误或者过于追求短期效益的结论，要求财务分析人员应不断提高自身的专业技能水平和职业道德素质，加强对财务报表分析人员的培训及职业道德素质建设。

（七）企业财务管理信息化

在企业财务管理中引进先进信息技术，可以确保企业财务管理工作的有效性和准确性。目前，我国企业已经采用和推广信息化管理技术，并取得了一定的成效。和传统的财务工作相比，企业财务管理信息化具有很多优点：一是可以利用信息技术对基础数据进行收集、整理和分析，提高财务数据的准确性，还有利于避免企业管理人员干涉财务工作，有利于确保财务管理的公正性、真实性和准确性。二是通过利用信息技术，大大地提高财务工作的效率，节省了人力和物力。

二、大数据时代下如何提高企业财务管理精准性

（一）企业财务管理应加强贯彻会计制度，夯实会计基础

结合企业财务管理的特点和现实需要，在企业财务管理过程中，加强贯彻会计制度，并夯实会计基础，对于企业财务管理意义重大。从当前企业财务管理工作来看，鉴于财务管理的专业性，在财务管理工作中，应对财务管理的相关法律法规引起足够的重视，并在实际管理过程中加强贯彻和落实，保证会计管理取得积极效果。

除了要做好上述工作之外，企业财务管理还要对会计基础引起足够的重视，应在实际工作中强化会计管理的基础性，通过建立健全会计管理机制，优化会计管理流程，使会计管理质量和准确性得到全面提升，有效满足企业财务管理的实际需要，达到提高企

业财务管理质量的目的。为此，认真贯彻会计制度，夯实会计基础，是提高会计管理质量的具体措施。

（二）企业财务管理应强化企业内部协调机制，加强财务管理与业务工作的融合

现代市场竞争环境和财务工作在企业管理中的地位，决定了财务工作必须采取与时俱进的基本态度，财务管理应结合企业组织结构、产品特点、业务流程、管理模式等具体情况，将真正适合企业的管理新方法、新工具应用到实际工作当中去，使企业财务管理工作能够在管理理念、管理流程和管理方法上满足实际需要，达到提高企业财务管理水平的目的。

基于这一认识，企业财务管理工作应积极建立内部协调机制，使企业财务管理工作与其他业务工作得到全面有效开展，充分满足企业财务管理的需求，实现对企业财务管理工作的有效监督，确保企业财务管理在手段、内容和管理流程上处于严格的监管之下，保证企业财务管理的准确性，使企业财务管理工作能够在整体水平上满足实际需要。

因此，企业财务管理工作并不是单一的工作内容，要想提高企业财务管理工作的整体质量，就要将财务管理工作与其他业务工作结合在一起，实现企业财务管理工作与其他业务工作的融合，使企业财务管理工作成为其他业务工作的促进因素，保证企业财务管理工作取得实效。

（三）企业财务管理应将资金管理作为主要内容，满足企业资金需求

在企业财务管理中，资金管理是主要内容，只有做好资金管理，才能提高企业财务管理的实效性。基于这一认识，企业财务管理应从实际出发，制定具体的资金管理策略，提高企业资金管理质量，满足企业资金需求，达到提高资金管理效果的目的。

首先，企业要加强管理，提高自身信誉度，注重内部资金节流，加强存货和应收账款的管理，减少产品在企业内部停留的时间，使企业内部资金管理实效性更强，对企业经营管理的支撑效果更好。所以，资金管理对企业的经营管理产生了重要影响。

其次，企业要建立自身的诚信形象，主动与金融机构互通信息，建立良好的银企关系，通过交流体现出企业的主动、诚意、实力所在，这样才会获得在银行融资的成功。这一工作已经成为企业财务管理的重要内容，对企业的经营管理产生了重要影响，是企业提高整体效益的关键。

最后，企业应强化资金使用效率，提高资金管理质量。保证资金管理工作全面有效开展，使企业的资金管理工作取得实效。

通过分析可知，鉴于财务管理的重要性，提高企业财务管理的精准性和实效性是提升企业整体效益的重要手段。为此，企业财务管理应从加强贯彻会计制度、夯实会计基础、

强化企业内部协调机制、加强财务管理与业务工作的融合、将资金管理作为主要内容、满足企业资金需求等方面入手，确保财务管理工作全面有效开展，满足企业经营管理的现实需要。

第四章　大数据时代企业投资决策的转型与对策研究

第一节　大数据时代企业如何才能找到真正的好项目

一、投资项目能否满足市场需求

（一）市场需求管理的一般原理

从 18 世纪开始，产业分工一直是经济增长和评价社会效率的重要指标。这一指标在大数据时代仍然有效，但在大数据时代，基于海量数据的分析和计算，产业之间的联系更加紧密，互动性加强。而信息和数据的使用将在经济增长质量提高方面发挥重要的作用。一方面信息化导致的产业融合有利于提高产业效率。基于信息化和数字融合的产业融合，使得产业从产业分立走向产业融合，产生多部门共享的公共平台，产业之间的公用性加强，使要素能在更大范围内有效地配置和合理利用，提高产业效率。另一方面信息化导致的产业融合有利于增强产业之间的联系效应。产业融合是在数字化技术创新、高新技术深入应用和原产业间联系效应加强的基础上，在管制放松的外力推动下，实现产品、业务、市场和业务流程的交叉融合，强化产业间的多向联系效应。在投资体制的转型方面，建立健全大数据时代投资决策的体制机制，抑制投资决策的短期行为，强化监督约束机制，引导经济主体在大数据分析下做出理性的和科学的投资决策，减少盲目扩大投资规模所导致的重复投资和产能过剩现象，优化投资结构，提高投资效率，实现质量效益型投资。

市场需求管理是拟投资项目开展有效市场营销——认识和发现市场、分析和选择市场、管理和满足市场的根本原理。其简要表述是：项目或市场需求满足与被管理的过程，是认识市场、发现需求，分析市场、选择需求和管理市场、满足需求的活动过程。所谓管理和满足市场需求的过程，不过是将此原理转化为相应的具体思路与行动，来寻找合适载体的项目或生产与营销某种具体产品的过程。因此，对投资项目做相应的需求管理，就需基于确定项目可否进行投资的一般标准，明确相关管理思路，制定和落实具体的管理措施与要求来实现。

（二）投资项目前期市场需求管理的基本思路

投资项目前期市场需求管理的基本思路可概括为：积极运用市场经济规律，对投资项目在前期拟建阶段就如何认识需求、了解和发现可满足市场需求，按照科学的方法对有关需求的各种表象进行系统认真的调查、分析、预测与管理，通过在前期研究项目拟定未来满足市场需求载体如何进行管理活动的营销方案，来规划实现项目前期对拟建项目进行市场需求管理。据此，管理好市场需求活动的关键在于最初确立的对市场需求的认识，是在发现与分析和选择有关需求等基础上，从认识市场发现需求出发，通过市场细分来选择需求，在确定了针对具体目标市场的特定需求后，最终依靠提供满足需求的产品或服务载体来管好市场，实现需求双方共赢、社会平稳可持续发展的终极目标。

投资项目的市场需求分析最终必须以销售管理为基础。传统的做法是根据销售数据进行统计分析，从结果的角度分析产品需求特点、需求变动趋势、营销渠道、营销效益等各方面信息，然后在历史数据的基础上得出企业特定期间内产品方案及营销方案的效益评估结论，为后期产品生产数量、单价、营销手段的设计奠定基础。历史数据反映企业过去经营活动状况，对未来的业务发展起到一定的借鉴作用，然而大数据时代下的信息价值密度低，时效性强，传统的管理方法无法保证全流程、全方位地开展工作，从而削弱了有效性。在大数据背景的推动下，企业充分利用大数据资源，扬长避短，利用大数据结构的复杂性，多方面挖掘管理过程中的各种信息。仍以销售环节为例，企业除了根据销售历史数据分析销售变动趋势，也可以将数据来源拓展到消费者，通过互联网问卷调查的形式或语音采访的形式，直接调查消费者对企业产品的需求偏好、消费者对产品价格的接受度、消费者的日常消费习惯、消费者消费行为受收入约束程度、消费者效用变动情况，以及消费者对替代产品的需求状况等具体信息。百思买（Best Buy）公司通过与客户互动来获取大量信息，利用数据改进营销策略，提高销量。过去几年中，百思买为了提高零售店的效益，将几家零售店建成了实验店，以找出每个细分市场真正有意义的价值主张。与此同时，公司收集了6000万个美国家庭的相关数据，利用大数据分析影响价值产生变化的主要因素。然后，将数据分析的结果和实验店的测试结果结合，开发出针对每个细分市场的新兴零售店经营模式。公司还根据大数据建立起预测性的分析工具，帮助企业了解客户购买的物品以及购买行为的生命周期，促进客户在初次购物之后再次购买其他商品。百思买公司以大数据分析为基础，以客户为中心的经营模式为其带来了极佳的经济收益，针对特殊目标人群建设的新型商店实现的销售额是传统模式的两倍。

（三）制定和实施需求管理的相关措施

判断一个项目可否投资，使之成为投资成功的活动，按照现代项目管理的基本要求，其评价与选择的判断标准一般可归纳为市场基础好、前景广、技术上先进可靠、经济上合理有益，以及社会影响和环境影响俱佳等方面。

1. 制定好开展市场需求管理活动的具体措施

搞好项目投资的管理活动，投资者或企业抑或相关管理部门只有充分了解市场、把握市场，才能针对市场的具体情况提出满足需求的对策，制定好市场需求管理的具体措施，在补上缺口之需的过程中实现项目在经济性、社会性和环境影响等方面与需求方的和谐共赢。

2. 重视并落实满足市场需求载体形式的管理要求

就满足市场需求的载体形式而言，在考虑客观存在又不宜改变原有市场基本情况的前提下，一般只能通过调整项目载体在需求表现中的具体形式来适应市场需求，即主要是通过差异化做出适合项目特点的产品或业务，并应特别注意项目差异性原则在实施过程中的要求：在宏观上，主要需考虑项目对国民经济总量平衡的影响，对经济结构优化的影响，对国家产业政策的影响，对国家生产力布局的影响，对国民经济长远发展规划、行业规划和地区发展规划的影响，在国民经济和社会发展中的地位和作用等的影响。在微观上，应注意分析项目所生产的产品是否符合市场需求；项目建设是否符合企业发展战略，项目建设是否考虑合理生产规模，项目建设是否有利于科技进步等。

3. 借鉴国内外投资项目前期开展市场需求管理活动的成功范例，推动管理活动的开展

从国家宏观层面来看，我国五年一次编制实施五年规划及其成果可以说是一个广义的投资项目需求管理活动；从微观层面来看，但凡具体的重大项目，如三峡工程、高铁、西气东输、西电东送、南水北调等都是在其前期以市场需求为基础进行了反复充分的可行性论证后，从而确认其市场及其相关需求的可管理性与必要性。国际上市场需求管理活动成功的范例就更多，广义的一切现代科学成果均可看作成功的案例，狭义的如各种新产品、新专利及其技术等的诞生，尤其是那些取得成功的风险投资项目均是成功案例。

二、大数据时代的企业投资决策新标准

（一）传统的投资决策标准及其弊端

企业的项目投资（实业投资）不仅仅是钱的问题，它需要技术、工艺、组织、营销、人力、品牌等多种条件，强调的是核心竞争力。公司战略的核心就是投资问题，战略方针的差异基本上体现了与公司主营业务相关联的投资方向、具体项目、投资对象、投资区域、投资性质、金额大小、时间节奏等方面。

商业模式规划了企业盈利的方式，是企业以公司战略为宗旨，针对开源、节流两方面对相关投融资方案、经济事项进行定性定量分析，选择最优决策的过程。商业模式通过改变企业的资本结构，即投融资比例、资产负债情况、融资方式、投资决策等，来影响企业的资本模式，最终影响企业价值；反过来，利用现金流对公司价值的估算也是商业模式中评估投资决策的重要依据。

三星公司利用大数据存储及分析技术，开发内部营销系统，设计和开展多渠道营销活动，即依据对产品或地理市场潜力等大数据的系统分析分配营销资源，而不再仅仅是历史经营业绩。该公司利用大数据技术，收集多种不同产品类别与国别组合的具体信息，用于改进其营销活动。该内部营销系统不仅能够存储大量的数据，还可以对大量数据进行分析。员工利用该系统可预测不同的资源分配状况将产生的影响，利用假设情景分析方法来测验未来的投资方案，该系统揭示出公司的一些营销投资方案无法实现高额回报，从而为公司节约了数百万美元。

为决策投资项目，对已发现的现实和潜在市场需求，在找出满足需求的载体——项目或其所代表的产品后，要把有需求的市场容量在细分后的子市场里作为特定的目标市场选择出来，并在此市场范围内按一定形式转化为拟建项目的生产规模。在此，关键的环节是对特定的目标市场做好有关需求情况的预测分析：一是对现有市场的需求量进行估计，二是预测未来的市场容量，三是预测产品的竞争能力。实际操作时，常用市场调查分析、市场预测分析、相关预测分析等基本方法。若相关的数据和信息的质量不高，会直接影响分析结果的质量，而数据分析的结果往往受到人们认识能力和经验水平的限制，以及分析者心理因素影响而产生误差，因此对投资项目进行市场需求管理的调查统计结果，有必要再进行误差分析，以尽量减少未来预测的误差，提高分析结果的精度。

现行财务理论认为，一个投资决策是否可行，其标准在于能否提高财务资本回报率或股东财务收益，当然货币时间价值是必须考虑的因素，所以财务学上较为成熟的投资项目评估方法（如投资回收期、净现值 NPV、内部收益率 IRR 等）应用特别广泛，基本原理均是基于对投资项目预计现金流折现的判断。而在大数据时代，这些评估技术的弊端日益显现：一是表现在对预计现金流的估计上，如果对预计现金流的估计不准确，则可能会直接导致错误的投资项目决策；二是这些评估方法已经不适合对现金流较少或者未来现金流不明显、不明确的投资项目进行评价，或者说这些评价技术只适用于传统的重资产经营模式。缺乏对企业战略的深度考虑和盈利模式的基本考虑是财务决策较为突出的问题。

（二）大数据时代的投资决策标准

关于投资决策标准的变革，阿里巴巴执行副主席蔡崇信曾表示，阿里巴巴在收购时有着清晰的战略目标和严格的纪律，投资时遵循三个标准：第一个标准是增加用户数量；

第二个标准是提升用户体验，如阿里巴巴与海尔合作，特别是和物流公司的合作，提升在白色家电领域的购物体验；第三个标准是扩张阿里巴巴的产品和服务种类，因为公司的长期目标是获得用户的更多消费份额。怎样给用户提供更多服务和产品是阿里巴巴长期的目标。按照这种主张，就不能再认为评估投资项目的可行与否是完全基于其未来盈利能力或现金流水平等，因为这并不是对当今投资项目的成功与否、有效性大小的驱动因素的深度、全方位挖掘。当然，这种挖掘在非大数据、互联网时代特别困难。而在大数据时代，企业可以得到海量、多样、准确的信息，如客户、供应商的身份信息，相关交易数据、外界环境变化、行业前景等，这些信息是企业进行投资判断的重要依据。对相关的数据进行关联分析可以为投资决策提供依据，但对看似不相关的数据进行关联性分析，或许正是发现新的投资机会的便捷途径之一，如沃尔玛啤酒与婴儿纸尿布的关联销售。

（三）在投资决策中应用大数据的必要性

企业利用大数据可以解决投资项目评估方法的两个弊端。首先，大数据本身具备数据的规模性、多样性、高速性和真实性等特征，这将对现金流较多的投资项目估计的准确性提供保障。其次，对于现金流较少的战略性投资项目，大数据的利用不仅可以从传统财务角度进行考察，而且可以从企业获得的资源（顾客、产业链等）与前景（市场份额、行业地位等）等方面全面评估。除此之外，在对投资结果的验证与反馈方面，大数据技术的运用可以对项目投资中和投资后形成的新数据进行实时、准确、全面的收集并评价，进而将项目实施后的实时数据与投资前评估项目的预期进行对比，并将前后差异形成项目动态反馈。这种动态反馈在监控投资项目进行的同时，也可以帮助企业累积评估经验，提高企业未来项目投资的成功率。

三、大数据时代企业的固定资产投资决策框架

投资目标、投资原则、投资规模和投资方式都是投资战略的主旋律。该战略就是企业整体战略中资金投放的体现，具体到投资战略的各个组成部分。

第一，投资目标分为收益性目标、发展性目标和公益性目标。企业生存的根本就是收益性目标的实现。要想企业持续发展就要实现发展性目标，没有直接利益的公益性目标，一旦实现也可以为企业带来间接利益，企业的社会影响力和社会责任感的大幅度提升会让企业得到良性发展。

第二，投资原则分为集中性原则、准确性原则、权变性原则及协同性原则。资金的集中有效投放就是集中性原则，是几个原则中的核心，因为资金毕竟是有限的，必须投到最关键的地方。投资过程中时机和数量的准确性体现在准确性原则上，它是投资成功

的必要保障。投资的同时要注意外界环境，及时调整战略规划，同时要灵活机动，机械教条的投资行为会造成不必要的损失。投资金额要按照生产要素所占的重要性和企业所处的发展阶段来进行分配，合理的金额分配就是协同性原则。决策效率、决策质量以及决策成本是评价投资决策的几个重要影响因素，这些因素在很大程度上影响着企业固定资产投资决策的科学性和合理性。

企业固定资产投资，尤其是新建生产设备，往往由于投资回报时间较长、资金占用量较大，关系到企业未来的发展与生死存亡，所以在投资决策前期需进行大量的调研和数据分析，确保决策的科学性和合理性。数据对企业进行固定资产投资决策起着非常重要的作用。

首先，企业在提出投资项目时需要了解市场情况、消费者的购买力，以及同行业的销售情况等外部信息。其次，在投资项目决策阶段，需要企业对基于云会计平台获取的内外部大数据进行科学、宏观的分析。

生产设备的新建、扩建与改良，一方面影响着产品的成本与定价，另一方面决定着企业的未来发展方向及在竞争市场中的战略地位。固定资产投资是企业日常财务活动最为重要的组成部分，是企业进行正常生产经营和维持生存发展的基础。

在经济全球化的背景下，企业要想不断地扩大自己的竞争实力，新建、扩建与改良生产设备是许多制造业企业采取的主要方式。企业所处国际市场环境中的结构化数据、半结构化数据、非结构化数据都已成为企业投资决策过程中不可忽视的重要战略资产，如何高效地利用这一重要资产已成为企业发展所必须重视的问题。企业固定资产投资决策所依赖的数据源，可以通过互联网、移动互联网、物联网、社会化网络等多种媒介，借助云会计平台，从企业内部、外部市场、银行等投资决策关系者获取。同时，借助大数据处理技术和方法实现对获取数据的规范化处理，并通过 ODS、DW/DM、OLAP 等数据分析与数据挖掘技术，提取企业进行固定资产投资决策中所需的财务与非财务数据，有针对性地对企业新建、扩建与改良生产设备的每一决策投资步骤提供有力的数据支撑。

四、大数据在企业投资决策中的应用价值

（一）大数据使投资决策更科学

从企业内部来看，基于云会计平台获取的固定资产投资决策相关大数据，针对生产设备的扩建与改良，企业能够准确、快速地获取该项目在以前经营过程中的产品生产数量、产品市场占有量、现金流量等财务信息，以及与投资项目有关的部门业务和人事关系、仓库储存量等非财务数据，分析比较投资决策的影响范围以及在后期经营中带来的利益与风险，从企业内部的经营情况和现金流量方面考虑投资决策的可行性。而对于生产设备的新建，则需要企业充分了解市场的发展趋势，新建生产设备所需的资金筹备、企业

的负债比重、现金流量、偿债能力等财务数据，判断这一投资决策是否符合企业长久的发展战略。基于云会计平台避免了企业内部数据的分散和信息的不对称性，企业将无障碍地整合所有子公司和部门的财务与非财务数据，这样更有利于决策的科学性和完整性，进而提高决策的准确率。

从企业外部来看，企业基于云会计平台，通过与电子商务系统的接口，获取市场的公允价值、定价、顾客、数量等外部数据，分析消费者对于相关产品的选购情况，以及商品价位对销量的影响程度和产品的替代商品数据。消费者的偏好将决定产品的市场占有量以及日后的销售群体，可以通过云会计平台获取消费者的购买喜好、畅销地区、畅销时间段等数据，为生产设备的新建、扩建与改良提供有用的价值。通过对收集到的数据进行分析，评价该投资项目的产品在市场中的占有量是否已饱和、产品价格的变动范围是否存在、产品与可替代商品的价格差异是否有利等，这些企业外部数据对于固定资产投资决策至关重要。企业只有了解周围市场情况、投资项目相关产品的信息，以及消费者数据、政府的经济政策、环境的相容度等数据，才能做出合理、有效的投资决策。

（二）大数据使投资决策风险更可控

投资风险是企业投资后，由于内部及外部诸多不确定因素的影响，使投入资金的实际使用效果偏离预期目标结果的可能性。投资决策的风险主要由于缺乏信息和决策者不能控制投资项目的未来变化等原因造成，所以任何投资决策都存在着或大或小的风险。企业项目投资（直接投资或者固定资产投资）的主要风险表现为经营风险，包括产品需求的变动、产品售价及成本的变动、固定成本的比重、企业的投资管理能力，以及经营环境的变化等。可见，固定资产的新建、扩建与改良是固定资产投资的主要形式，由于其投资变现能力最差，所以投资风险也相对最大。然而一旦投资风险带来的损失超过企业的承受能力，企业只能停止经营，宣告破产。基于云会计平台，决策者可以通过数据分析得到可靠的信息，对可能存在的风险原因和后果进行细致的分析、估算，利用大数据的信息资源不断调整战略目标和投资方向，从而将决策风险导致的损失降到最低。

在固定资产投资决策中，由于决策者追求利益最大化等主观因素以及市场环境和生产设备技术要求等客观因素，都不可避免地使投资决策面临诸多风险。从主观因素来看，企业投资决策者的目标是单一和绝对的，利益最大化是企业投资的最终目标。但是，企业往往由于过分追求利益最大化而忽略了企业的长远发展战略、地方环境要求，以及企业自身的财务状况等因素，投资项目在运行中的资金变化和投资期变动等都将给企业带来巨大的投资风险。从客观因素来看，在经济全球化下，市场需求和消费者偏好始终处于不断的变化中，货币政策和通货膨胀直接决定着消费者的购买力。采取可行的办法将企业的投资风险降到最低是企业在投资决策中面临的最大挑战。

基于云会计平台，将通过互联网、移动互联网、物联网、社会化网络等多种媒介收集到的数据进行处理、分析，对企业面临的债务风险、估算风险、市场风险等多种投资风险进行控制。企业内部的现金流量、负债状况、融资方式以及银行的贷款利率、税收部门的征税情况等数据，在企业进行投资决策时通过云会计平台进行分析，减小投资决策的估算风险、负债风险等财务风险。在投资决策实施中，通过云会计平台，企业将实际的现金流量与收益和预期的现金流量与收益进行对比，找出差异，分析差异存在的原因，做出相应的投资调整。企业应用云会计平台实现各个信息系统的无缝衔接后，数据能够及时共享与传递，一旦出现工程质量、工程进度或者现金流量不足等问题，可以及时调整投资项目的目标方向和工程的施工时间，调整、中断或者放弃该投资项目，降低投资总额和投资期变动带来的风险。

五、大数据在我国房地产投资开发中的应用案例

在大数据时代，数据资源的战略价值毋庸置疑，许多企业通过大数据挖掘出有效信息，提高了决策能力和经济效益，某些颇具胆识的房地产企业已经在大数据应用方面取得了相当大的成功。大数据时代的到来必将为一些掌握大数据资源并能充分挖掘其价值的产业带来更为广阔的发展空间。在这种情况下，如何应用大数据做好开发运营是我国房地产企业提高自身竞争力的关键。大数据纷繁复杂的特点使得无论是房地产开发企业还是房地产中介服务企业或者是物业管理企业，其业务范围都趋向于多样化和综合性，开发运营、中介服务和物业管理往往密不可分。大数据为房地产企业理性开发提供了有力的数据支持；通过挖掘现有数据的潜在价值，房地产企业还可以进行多元化投资；个人信息的数据化以及房地产企业的思维变革，都使得大数据条件下的创新性投资成为房地产企业新的利润增长点。

（一）理性投资多元化开发

虽然近年来房地产企业总体呈现或升或稳的良好势头，但是也出现了一些背离开发商预期的情况。我国房地产企业的兴起与繁荣已有相当长的时间，在开发投资方面拥有大量历史数据，包括城市地理位置、经济发展情况、城市规划和政策导向、投资在建和供地情况等。房地产企业可以定量分析这些大数据，预测未来的供需情况，评估项目投资价值，以进行合理开发。谷歌公司就曾通过分析海量的搜索词，低成本、高效率地预测了美国住房市场供需和价格等相关指数。土地资源对房地产企业尤为重要，大数据的出现为土地市场的准确预测提供了可能。房地产企业要重视大数据背景下的土地市场，敏锐洞察土地资源市场走向。除了利用大数据进行住房供求分析、理性拿地之外，房地产企业在业务范围内的多样化投资也提高了盈利能力。万达和绿地等房地产企业已开始利用大数据先机，大力拓展旅游和酒店项目等多元化投资，发掘出住房市场以外的盈利空间。

（二）创新性投资

对以往的投资和销售数据进行挖掘，有利于企业合理开发、多元化投资。然而房地产企业所拥有的数据远不止这些，尤其是大型企业，它们所掌握的信息不再局限于户主姓名、家庭结构、收入情况以及购房意向等，计算机技术的发展和互联网的普及使得越来越多购房者的个人信息变得更易捕捉和存取。这些大数据经过专业分析，便可以从中发掘出一些看似与房地产企业不相关的信息，如购房者的日常消费习惯或者是他们偏爱的出行路线等。多数情况下这些数据的结构性较差，但其潜在价值很大，是房地产企业开发投资的新机遇，是盈利的新突破点。

万科和花样年在应用大数据进行创新性投资方面的经验值得分析。上千万的购房者数据使得花样年具备充分的优势，从居民需求出发，以手机 App 的形式将商户与居民联系起来，构建"社区电子商务"平台，在方便快捷的基础上实现精准营销。除了社区电商，花样年控股集团有限公司还构建了金融服务、酒店服务、文化旅游等八大领域，基于移动互联网的大数据业务布局，远远超越了传统意义上的房企业务范围。同样，万科集团日臻完善的大数据处理技术也为其带来了商机。通过对其所掌握的 480 万业主数据进行挖掘，将社区商业、社区物流、社区医疗和养老等与业主的大数据信息相结合，万科集团提出构建"城市配套服务商"的理念，应用大数据避免了危机。

与万科和花样年相比，世茂集团在投资方面的创新更值得关注。其经营理念认为，"未来购房者买的不仅是一幢房子，更是一种生活体验"，据此推出了向业主提供健康监控和咨询服务的"健康云"管理业务。通过手机、手表等一些移动设备，适时监控业主健康状况相关数据，并进行分析处理，构建健康方案，为业主做好疾病预防、保持身心健康提供咨询建议，或者为其直接链接实体医疗。其他一些房地产企业，如金地和绿地也开始利用大数据开拓新的业务，相继推出了"智慧城市""云服务"等概念。其不再单纯为购房者提供一个遮风挡雨的地方，而是更侧重于满足消费者的心理需求和精神需求。

第二节　大数据时代企业投资决策优化
如何利用大数据

一、企业在大数据环境下的投资决策框架

大数据技术的发展为投资决策提供了应对数据和信息瞬息变化的定量分析方法，为企业投资决策提供更加真实有效的决策依据，以提高企业战略决策质量。

一方面，大数据提供企业战略决策的翔实数据。企业投资决策的正确与否直接关系着企业的兴衰。这就要求决策者不仅要熟悉企业内部发展实际，还必须拥有大量的来自企业外部的数据资源，并需要对各类数据、信息进行收集、整理。而大数据可以为战略决策者提供丰富的数据来源，与传统的决策相比，大数据决策不再依赖于决策者的经验，也不会担心数据稀缺，丰富的数据来源和数据获取渠道能够保证企业战略决策的真实可靠。

另一方面，大数据升级企业投资决策的分析方法。现代企业对数据的依赖性越来越强，基于大数据的定量分析方法在企业投资决策中的重要性不断凸显，逐渐取代传统的凭借直觉和经验做出判断的定性分析方法。下面具体分析企业在大数据环境下的投资决策框架。

（一）投资准备阶段的主要工作

在大数据环境下，数据作为企业最具价值的资产之一，数据质量与企业的投资决策之间存在着直接联系。高质量的数据可以使企业的投资决策更加科学、高效。在企业的投资决策过程中，数据的完整性、及时性、可靠性等质量特征对企业投资决策的数据收集和准备阶段、制定和评估阶段、监控和调整阶段都有着重要的影响。基于企业的投资决策流程，以数据为主线，在分析各个阶段对应数据源、数据质量特征、数据类型的基础上，构建大数据环境下考虑数据质量特征的企业投资决策框架。

搞好前期市场预测在投资项目前期准备管理中格外重要，有利于发现作为建设项目存在条件的现实和潜在的需要——市场机会，从而使之转化为满足具体需求载体的产品或项目；有利于减少与避免因重复建设等非真实市场需求而产生的、不能在未来长时间支撑项目生产与运营条件要求的虚假投资需求。准备阶段主要涉及数据的收集。首先要确定投资目标，这是投资决策的前提，也是企业想要达到怎样的投资收益，这个过程需要企业根据自身的条件以及资源状况等数据来确定。其次要选择投资方向，一方面需要根据企业内部的历史数据，另一方面还要结合市场环境状况等外部因素进行筛选，进而确定投资方向。在市场调查与预测基础上，根据项目及其载体形式，对有关产品的竞争能力、市场规模、位置、性质和特点等要素进行前期市场分析，做出有关"项目产品是否有市场需求"的专业判断，是一种分析技术，其基本内容是做好国内外市场近期需求情况的调查和国内现有产能的估计，并做销售预测、价格分析、产品的竞争能力、进入国际市场的前景等分析。其中，除应明了市场容量的现状与前景外，还应预测可替代产品及由此可能引起的市场扩大情况，了解该项目现存或潜在的替代产品可能造成的影响；调查市场供求情况的长期发展趋势和目前市场与项目投产时市场的饱和情况，以及本项目产品可能达到的市场占有率。

（二）制订投资方案阶段的主要工作

制订和评估阶段主要涉及根据可行性制订投资方案并进行方案评估的相关数据。可行性分析主要涉及与风险相关的概率分布、期望报酬率、标准离差、标准离差率、风险报酬率等数据，要确保风险在企业可承受的范围内才说明此投资是可行的。方案评估主要涉及现金流量、各类评价指标，以及资本限额等数据。现金流量可采用非贴现现金流量指标或者贴现现金流量指标数据来衡量。投资回收期、平均报酬率、平均会计报酬率、净现值、内含报酬率、获利指数、贴现投资回收期等各类指标涉及的数据对投资决策的评估起着重要作用。这些数据的来源涉及多个利益相关者，同时来源渠道也比较广泛，多为非结构化数据且各类数据之间标准不统一，难以兼容。

（三）投资实施阶段的主要工作

在监控和调整阶段主要考虑企业实际的现金流量、收益与预期之间的比较，以及企业实际承受能力是否在可控范围内。如果相差较大，就需要及时查找出引起差异的原因，对相关数据进行分析处理并调整投资决策方案。目前，项目基础资料存在以下两个问题：

一是收集困难。公司基础资料主要来源于施工项目部，尤其是纸质资料，平时按照来源地在公司、分公司、项目部分级保管，项目部资料一般是项目结束后归档到公司总部。

二是项目基础资料结构化数据率低。即使是信息化技术应用程度最高的财务部门，也过滤掉了原始凭证中大量非结构化数据信息（如市场情况、环境、事件、时间等），无法将其提取转化为结构化数据。其他部门有关经营活动和财务活动等相关资料结构化数据率则更低。研究表明，日常工作中产生的非结构化数据约占整体数据量的80%。因此，大数据时代使得企业的整个投资决策流程都是基于云会计平台获取各种数据，然后通过大数据相关技术对各类结构化、半结构化、非结构化数据进行分析处理并存储于企业的数据中心等，这种处理模式可以在很大程度上提高企业整个投资决策过程中数据的完整性、及时性和可靠性，满足企业投资决策对数据的高质量要求。

二、利用大数据加强和优化投资项目管理

（一）大数据挖掘与工程项目管理

工程项目管理是一种以工程项目为对象的系统管理方法，通过对工程项目的全过程动态管理来实现整体目标。鉴于工程项目的系统性、动态性以及时代要求，大数据技术的出现为工程项目管理带来了新的发展方向，将大大提升工程项目管理各环节和整体的信息处理效率，为项目决策提供有效的信息参考，进而实现项目效益增值。大数据时代背景下，传统的工程项目管理已经不能适应科学管理的要求，而数据挖掘这一技术手段

为工程项目管理提供了新的提升路径。从大数据背景出发，结合工程项目管理的困境，可构建大数据挖掘的管理层次和制度结构，以及大数据挖掘项目组解决方法。我国工程项目管理也呈现出数据多元化、动态化以及信息化管理等发展趋势。一方面，在传统行业中，工程行业是数据量最大、项目规模最大的行业，参与主体多、覆盖地域范围广、耗费时间长、影响因素多等特征决定了工程项目的信息管理具有多元性，信息数据的多元性体现在工程管理的各个环节。另一方面，工程项目管理采取全周期管理模式，时间周期长，各种信息流在动态的时间流中持续分布。因此，工程项目的信息化管理是大势所趋。

大数据的出现将为工程项目的科技信息管理创造新的发展契机，为工程项目的效率管理、质量管理、风险管理等创造优化路径。大数据挖掘有助于提升工程项目管理效率，由于项目的系统性和复杂性，普遍存在工程项目管理效率低下，而大数据挖掘技术凭借先进的技术手段提高数据管理效率。以工程项目管理的绩效评估为例，绩效评估常常出现指标过多、评价成本过高等问题，大数据挖掘为解决这一问题带来了新方法。在工程项目管理中引入大数据挖掘技术，可以从庞大的数据库中找到最符合项目要求的绩效指标即关键绩效指标，这将减少工程项目管理的工作量，提高绩效管理效率。

大数据挖掘为工程项目管理的全面风险管理提供了新思路。在工程行业中，庞大复杂的数据中隐藏着各种风险，给项目乃至企业长期发展埋下隐患。大数据管理中，数据仓库不仅能及时收集现有数据和历史数据，还能对各个孤立存在的数据进行初步处理和转换，形成相互联系的统一数据集，为项目中各数据使用者提供一个透明的信息平台，减少信息流通中虚假信息和交流障碍等因素带来的风险。

（二）大数据时代背景下工程项目管理困境

随着需求多元化的发展，生产贴合市场个性化需求的工程产品面临新的挑战。工程设计和评估过程中由于存在固有的刚性和惯性，很难实现与市场需求的高度契合。在大数据背景下，市场需求不断转化为各类数据，如果不能对这些数据做及时、科学的处理，就可能造成以下困境：一是由于对数据的不完全解读，使得工程设计和评估与市场不完全契合，即产出的最后产品不能最佳地满足市场需要；二是由于对数据的误判，使得工程的设计和评估完全偏离市场需要，即最终产品不能为市场所接受。由此可见，市场需求的多元化使得数据呈爆炸式增长，而工程项目管理极易在众多数据中迷失方向，从而陷入困境。

经济环境的快速变化给工程项目管理带来了诸多不确定性，使得工程项目管理时刻面临风险。技术更新频率加快使社会经济环境突变的可能性也随之增加，这对保障工程项目的进度、成本、质量、安全都带来了巨大挑战。例如，工程规模不断增大，所需资金量也随之增加，这必然产生海量的成本数据和资金数据，传统的工程预决算管理模式根本无法适应大工程项目建设，极易影响工程进度和成本控制。再如，工程规模的增大必然导致工程项目基础数据的巨量膨胀，传统的施工管理模式不仅容易造成安全隐患，而且无法保证工程整体质量。

（三）大数据挖掘对工程项目管理优化路径

1. 构建大数据挖掘的管理层次和制度结构

首先，按照集中控制和分层管理的思路，确立项目公司作为数据收集者、集团公司作为数据决策者的回路模式。以数据为控制载体，项目公司按照集团公司的数据要求及时准确地采集数据，集团公司以总体数据为依据进行进度、成本、质量、安全方面的分析和决策。这里的总体数据不仅包括项目公司采集的内部数据，还需要集团公司采集的外部数据，以保证数据完整性。其次，按照数据集中、业务集中、管理集中、控制集中的原则，建立数据处理中心及业务审批、项目施工、公司决策层数据沟通制度。项目部与施工现场人员业务往来形成的各类数据，由项目部整理和识别后录入信息系统中心，数据处理中心对总体数据进行挖掘处理后向公司决策层提供分析和辅助决策支持，各职能部门可以随时调用项目数据进行管理，项目部根据数据指标及提示进行施工作业和相关管理。

2. 构建大数据挖掘项目组，解决项目管理中的主要问题

构建大数据挖掘项目组的目的是保证在一定资源约束的前提下，使工程项目以尽可能快的速度、尽可能低的成本达到最好的质量效果。①建立工期进度数据挖掘项目组。整合资金数据、供应商数据、工程计划数据、施工基础数据等，通过数据挖掘建立相应的控制体系，以保证工期进度有效推进。②建立工程质量数据挖掘项目组。整合施工基础数据、质量检测数据、物流仓储数据、工期进度数据等，通过数据挖掘建立相应的控制体系，避免因物料管理不规范、阶段验收和隐蔽工程验收不规范、计划安排不科学导致盲目抢工期，以及设计本身缺陷导致质量失控等问题。③建立成本控制数据挖掘项目组，整合物料数据、成本核算数据、质量控制数据、工程进度数据、资金数据等，通过数据挖掘建立相应的控制体系，避免工期拖延、质量控制不当等问题。

3. 应用大数据管理项目的案例

DRP建筑公司属于施工企业，是美国加州旧金山分校医学中心价值15亿美元的建筑合同的总包商。这是世界上首个完全基于大数据模型建设的医学中心建筑。DRP使用了Autodesk公司的三维技术，设计师能整合空气流动、建筑朝向、楼板空间、环境适应性、建筑性能等多种数据，形成一个虚拟模型，各种数据和信息可以在这个模型中实时互动。建筑师、设计师和施工队伍通过这个模型可以在接近真实的完整运营环境里，以可视化的方式观察数以百万计的数据标记。大数据技术在DRP建筑公司的应用表明，通过形成建筑物虚拟模型，使建筑物从设计到施工的各项数据和信息实时互动。这不仅

解决了项目成本费用开支、经营成果核算基础资料不准确的问题，而且基于详细的数据，企业对同类施工产品进行对比分析，使企业可以做到基于事实和数据进行决策。

三、大数据时代的集群融资方式创新

筹资的数量和筹资的质量成为企业首先要关注的两个基本因素，也是最重要的方面。企业在保证资金数量充足的同时，也要保证资金来源的稳定和持续，同时尽可能地降低资金筹集的成本。到这一环节降低筹资成本和控制筹资风险成为主要任务。根据总的企业发展战略，合理拓展融资渠道、提供最佳的资金进行资源配置、综合计算筹资方式的最佳搭配组合是这一战略的终极目标。随着互联网经营的深入，企业的财务资源配置都倾向于"轻资产模式"。轻资产模式的主要特征：大幅度减少固定资产和存货方面的财务投资，以内源融资或 OPM（用供应商的资金经营获利）为主，很少依赖银行贷款等间接融资，奉行无股利或低股利分红，时常保持较充裕的现金储备。轻资产模式使企业的财务融资逐步实现"去杠杆化生存"，逐渐摆脱商业银行总是基于"重资产"的财务报表与抵押资产的信贷审核方法。

在互联网经营的时代，由于企业经营透明度的不断提高，按照传统财务理论强调适当提高财务杠杆以增加股东价值的财务思维越来越不合时宜。另外，传统财务管理割裂了企业内融资、投资、业务经营等活动，或者说企业融资的目的仅是满足企业投资与业务经营的需要，控制财务结构的风险也是局限于资本结构本身来思考。

互联网时代使得企业的融资与业务经营全面整合，业务经营本身就隐含着财务融资。大数据与金融行业的结合产生了互联网金融这一产业，从中小企业角度来说，其匹配资金供需效率要远远高于传统金融机构。以阿里金融为例，阿里客户的信用状况、产品质量、投诉情况等数据都在阿里系统中，阿里金融根据阿里平台的大数据与云计算，可以对客户进行风险评级以及违约概率的计算，为优质的小微客户提供信贷服务。

集群供应网络是指各种资源供应链为满足相应主体运行而形成的相互交错、错综复杂的集群网络结构。随着供应链内部技术扩散和运营模式被复制，各条供应链相对独立的局面被打破，供应链吸收资金、技术、信息以确保市场地位，将在特定产业领域、地理上与相互联系的行为主体（主要是金融机构、政府、研究机构、中介机构等）建立一种稳定、正式或非正式的协作关系。集群供应网络融资就是基于集群供应网络关系，多主体建立集团或联盟，合力解决融资难问题的一种融资创新模式。其主要方式有集合债券、集群担保融资、团体贷款和股权联结等，这些方式的资金主要来源于企业外部。大数据可以有效地为风险评估、风险监控等提供信息支持，同时通过海量的物流、商流、信息流、资金流数据挖掘分析，人们能够成功找到大量融资互补匹配单位，通过供应链金融、担保、互保等方式重新进行信用分配，并产生信用增级，从而降低了融资风险。

从本质上讲大数据与集群融资为融资企业提供了信用附加，该过程是将集群内非正式（无合约约束）或正式（有合约约束）资本转化为商业信用，然后进一步转化成银行信用甚至国家信用的过程。

大数据中蕴含的海量软信息颠覆了金融行业赖以生存的信息不对称格局，传统金融发展格局很可能被颠覆。如英国一家叫 Wonga 的商务网站就利用海量的数据挖掘算法来做信贷。它运用社交媒体和其他网络工具大量挖掘客户碎片信息，然后关联、交叉信用分析，预测违约风险，将外部协同环境有效地转化为金融资本。

在国内，阿里巴巴的创新是颠覆性的。它将大数据充分利用于小微企业和创业者的金融服务上，依托淘宝、天猫平台汇集的商流、信息流、资金流等一手信息开展征信，而不再依靠传统客户经理搜寻各种第三方资料所做的转述性评审，实现的是一种场景性评审。

阿里巴巴运用互联网化、批量化、海量化的大数据来做金融服务，颠覆了传统金融以资金为核心的经营模式，且在效率、真实性、参考价值方面比传统金融机构更高。大数据主要是为征信及贷后监控提供了一种有效的解决途径，使原来信用可得性差的高效益业务（如高科技小微贷）的征信成本及效率发生了重大变化。但是，金融业作为高度成熟且高风险的行业，有限的成本及效率变化似乎还不足以取得上述颠覆性的成绩。

传统一对一的融资受企业内部资本的约束，企业虽然有着大量外部协同资本，但是由于外部信息不对称关系，这部分资本无法识别而被忽略，导致了如科技型中小企业的融资难等问题。通过大数据的"在线"及"动态监测"，企业处于集群供应网络中的大量协同环境资本将可识别，可以有效地监测并转化成企业金融资本。

阿里巴巴、全球网等金融创新正在基于一种集群协同环境的大数据金融资本挖掘与识别的过程，这实际上是构建了一种全新的集群融资创新格局。集群式企业关系是企业资本高效运作的体现，大数据发展下的集群融资创新让群内企业有了更丰富的金融资源保障，并继续激发产业集群强大的生命力和活力，这是一种独特的金融资本协同创新环境。根据大数据来源与使用过程，大数据发展下集群融资可以总结为三种基本模式，分别是"自组织型"大数据集群融资模式、"链主约束型"的大数据集群融资模式，以及"多核协作型"的大数据集群融资模式。阿里巴巴、Lending Club 代表的是"自组织型"模式；平安银行大力发展的大数据"供应链金融"体现的是"链主约束"模式；而由众多金融机构相互外包的开放式征信的"全球网"，正好是"多核协作"模式的代表。

第三节 大数据时代企业投资决策的数据支持研究

一、投资决策准备阶段

（一）投资目标决定了数据选择

在投资决策的准备阶段，对项目前期进行的市场需求管理，其实质是从认识市场、发现需求开始，通过调研方法在获得特定市场需求信息的基础上，变项目目标市场需求为拟建项目具体投资规模的过程。由于项目的生命力只能来自对市场的正确认识与把握，来自项目前期对产品市场需求情况的调查分析和研究预测工作，因此在项目投资前期做好对市场需求的管理工作十分必要。

投资决策阶段的投资估算是建设项目投资控制的起点。在这一阶段，项目建设单位一般要安排主要功能用户参与项目论证，在论证过程中往往只专注于主要工艺流程，而忽视辅助流程和相关设备、设施用房以及其他配套工程，所以提供给工程咨询机构进行可行性研究的基础资料往往不完整，在向工程咨询机构下达可行性研究报告任务书时，要求不明确，主要表现在工艺流程描述比较模糊，对拟建项目有哪些具体功能要求（包括功能性用房的间数、开间大小、进深、层高、温控、洁净、通风等）、有哪些特殊功能和装饰装修要求、必须配备哪些设施、设备表述不清楚。

在投资决策阶段，投资控制的重点是必须绘制清楚完整的工艺流程图，并将工艺流程中每一节点对建筑、建筑设备的具体要求描述清楚，表明需要配备哪些功能设备、设施。只有将所有要求表述清楚后，工程咨询机构才能勾勒出完整的建设项目方案，并提出完整的投资估算。企业进行投资决策之前，需要结合自身资源及发展现状制定投资的预期目标，如实现企业的多元化发展、企业利润的可持续增长、企业规模的扩张等。确定投资目标后需要考虑如何投资，这需要结合当前市场外部环境以及同行业之间的相关数据进行分析来确定，因此企业投资决策准备阶段需要重点关注获取内外部数据的完整性和及时性。

（二）数据来源及结构

在数据获取过程中，由于数据获取工具的局限性往往导致数据是不对称的，而且处于一个不断变化的状态，企业想要完全获取所有数据是比较困难的且成本比较高，因此数据的完整性对企业的决策有着重要的影响。财务数据在一定程度上能够反映企业内部的资源状况，但是不能忽视非财务数据对投资决策的影响。非财务数据能够反映企业服务质量、竞争能力以及创新能力等各方面的信息，如企业是否具有足够的创新和竞争能力来应对和挑战这个领域，这也是企业未来盈利判断的重要依据。数据收集不完整可能导致无法对企业投资目标进行正确的判定，盈利也会受到相应的影响。数据存在时效性，必须在决策之前提供才能发挥其作用，否则就会失去价值。对外部市场环境数据以及同行业数据进行收集，在传统的会计信息化模式下，一方面企业中存在一些纸质而非电子的数据信息无法进行及时汇总，另一方面相关的外部数据的获取也存在延时性，这就可能导致在投资决策之前一些重要数据无法及时获取，如市场环境趋势的变动、同行业已有意向投资等数据的获取都会影响决策的制定。由此可见，数据获取的完整性和及时性都在一定程度上影响了投资决策前期的准备工作。

（三）利用大数据的基础条件

在大数据时代，云计算、互联网、移动互联网、物联网、社交网络等多种技术的交叉与融合，使企业可以获取更多的数据，并通过云会计平台将这些海量数据存储在远程的数据中心而不是本地计算机内，从而解决了传统管理工具无法管理大容量数据的难题，保证了数据的完整性。数据的存储都在云端，云会计供应商可以帮助企业管理各类数据资源。此外，还可以提供企业内部以及相关企业各类数据之间的交换与互访。这种访问不会因为数据存储的物理地址以及获取数据的实际时间受到限制，从而实现数据访问、获取的及时性，确保企业投资决策之前能实时、动态地得到相关数据。

二、投资决策方案的制订和评估阶段

（一）如何处理投资数据

方案制订和评估阶段是建设项目成本控制的关键，设计质量的优劣直接影响着建设费用的多少和建设工期的长短，直接决定着人力、物力和财力投入的多少。合理科学的设计，可大幅节省工程投资。一般而言，设计阶段对工程投资控制的影响幅度可达80%。在实际工程设计中，不少设计人员重技术、轻经济，任意提高安全系数或设计标准，不考虑经济上的合理性，造成严重浪费，从根本上影响了项目投资的有效控制。

企业获取的原始数据需要先对其进行数据清洗才能用于投资方案的制订。企业可以采用大数据处理技术进行数据分析和挖掘，以判断投资可行性并对投资方案进行评估。一般而言，企业的投资往往是期望得到额外的风险报酬。风险报酬率主要根据风险报酬系数进行判断，但它的取值主要是参考企业以往的同类项目或者同行业的数据，以及按照国家定期公布的各行业风险报酬系数或者企业组织相关专家进行确定，这样的确定方式存在较大的主观性，在很大程度上降低了该数据的可靠性，导致投资决策有偏差甚至是失误。此外，现金流量作为评价投资可行性的基础性数据，涉及投资回收期、平均贴现率等非贴现现金流量指标，以及净现值、内含报酬率和获利指数等贴现现金流量指标。企业在投资时期望的投资回收期；如何设定现金流量的数额、时间分布；在这期间投资报酬率的确定都是企业进行投资决策需要考虑的主要因素。可见，投资方案的制订和评估需要通过相关技术对收集的数据进行科学分析和处理，避免一些主观因素造成的影响，提高数据的完整性和可靠性，进而保证投资决策更科学、更可靠。

（二）如何整合投资数据

企业的投资决策需要各方面的数据，其来源渠道比较广泛，包括企业 ERP 系统、各种 POS 终端等产生的商业数据，基于互联网产生的社交网络数据，GPS、射频识别设备、传感器及视频监控设备等产生的物联网数据等。这些数据，一类是按照特定格式整理的结构化数据，一般由企业的信息系统进行管理；另一类是以纸张或数字化等形式存在于信息系统之外的大量非结构化数据。非结构化数据往往包含了很多对企业投资决策有价值的信息，由于缺乏信息化管理，很少被有效使用。数据标准的不统一和数据处理技术的局限性，使得无法将收集到的数据进行归纳、汇总并处理各类数据之间的相关关系，从而容易忽略影响投资决策的重要因素。企业独立运行的各个业务信息系统可以通过数据工具将数据抽取、转载、加载到一个或者多个数据仓库中，这些数据经过清洗之后就实现了数据的标准化。通过联机分析处理和数据挖掘技术进行大数据处理，分析各种数据之间的相关关系和因果关系，以有效地保证数据的完整性，从而可以在很大程度上避免由于数据不完整使投资决策评估和方案选择产生偏差甚至导致失误的状况。

（三）如何使用投资数据

企业的各种历史数据可以经过数据清洗后通过数据仓库进行存储。数据仓库可以系统地记录企业从过去某一时间到目前各个阶段的数据，经过数据清洗、装载、查询、展现等流程之后的数据质量较高、可靠性较大。这些数据可以通过大数据处理技术进行数据挖掘，找到数据潜在的价值。通过数据仓库和数据挖掘技术进行数据分析和处理之后获得的数据更科学、准确，尽可能地避免了人为主观因素导致的数据不可靠性，提高了投资决策的质量。

三、投资决策监控和调整阶段

建设项目投资控制就是在满足项目合理质量标准的前提下，在项目投资决策、设计和实施阶段把所有发生的费用支出控制在批准的限额内，力求在建设项目中合理使用人力、物力、财力，以取得较好的经济效益和社会效益。建设项目的投资控制与管理是一个动态的过程，在市场经济条件下，市场供需与价格的变化多端，使工程投资的确定与控制变得复杂，这就要求建设单位应将投资的控制与管理贯穿于项目的全过程。企业在投资执行过程中，需要对项目实施情况进行有效的监控和风险管理，并能够根据企业外部环境和企业发展战略的变化，对原有的投资方案做出及时、有效的调整，如延迟投资、扩充或缩减投资甚至是放弃投资。在大数据、云会计时代，企业可以通过向云会计供应商定制相关服务，实时获取云端数据，采用大数据的分析处理技术对企业自身、同行业以及市场环境等各类因素进行分析处理，预测和发现企业项目投资过程中出现的相关问题，并及时地提出有效的解决方案。该阶段，数据获取的及时性在很大程度上可以提高投资决策风险管理的科学性和合理性。

第四节　大数据时代企业投资决策竞争情报需求与服务分析

一、投资决策情报至关重要

（一）企业投资决策流程及情报需求特点

大数据给企业投资决策竞争情报搜集、分析和利用带来了深刻的变革，竞争情报咨询机构和企业必须积极应对大数据带来的机遇和挑战。大数据提供了一个全新的信息生态环境和竞争舞台，只有充分研究大数据特点，不断创新竞争情报分析方法，才能将大数据转化为大智慧。企业对投资的必要性、投资目标、投资规模、投资方向、投资结构、投资成本与收益等重大问题进行的决策行为，将越来越依赖于大数据情报的分析利用。大数据将作为企业重要的资产，受到越来越多的重视，但是大数据就像一把"双刃剑"，在给企业带来全新机遇的同时也给企业带来诸多挑战。

投资决策是企业参与竞争的一项关键竞争力，通过成功的投资决策可以使企业领先竞争对手建设新的项目，抢占市场制高点。大数据时代，企业的投资决策竞争力归根结底是数据分析提炼能力和情报分析利用能力。企业投资决策是企业经营生产过程中的重大事件，是企业对某一项目（包括有形资产、无形资产、技术、经营权等）投资前进行的分析、研究和方案选择。一般来讲，企业投资决策周期可以分为投资机会研究、初步可行性研究、项目建议书、项目可行性研究、项目评估及最终决策六个阶段。每个阶段研究的内容侧重点有所不同，对竞争情报需求也有所差异。可以看出，企业投资决策整个流程的每个阶段都需要大量情报作为支持，投资决策因其具有前瞻性和可行性，因此需要精准情报作为决策依据。大数据时代的到来，使得可利用的数据资源空前巨大，可获取的渠道也更加多样，这将从根本上改变企业投资决策情报的获取、处理及利用方式。

（二）大数据给企业投资决策带来的机遇与挑战

大数据为企业获取精准情报提供了沃土。投资决策失误是企业最大的失误，一个重大的投资决策失误往往会使一家企业陷入困境，甚至破产。要避免投资决策的失误，精准的情报支持是必不可少的。大数据的特点之一就是体量巨大，为竞争情报分析提供了空前宽阔的空间。庞大的、来源渠道多样化的数据更具有统计分析和相互验证意义，更能为各种投资分析模型提供支持。过去企业投资决策往往苦于数据的缺乏和搜集渠道的单一而只能凭借"相对准确"的数据作为投资参考。大数据时代企业则完全可以通过科学的情报分析方法对产品市场数据、竞争对手上下游数据、项目财务数据等海量数据进行处理、组织和解释，并转化为可利用的精准情报。

大数据使投资决策情报更加细化、更有价值。企业投资决策需要的情报种类可以分为政策类情报、市场类情报、竞争对手情报、财务类情报、技术类情报等。大数据整合了各种类型的数据，包括用户数据、经销商数据、交易数据、上下游数据、交互数据、线上数据、线下数据等，这些数据经过加工处理，可以帮助和指导企业投资决策流程的任何一个环节，并帮助企业做出最明智的决策。大数据对传统的情报进行了更具价值的延伸，特别是随着移动互联网的兴起，以智能手机、平板电脑为主的智能终端的普及，产生大数据的领域越来越多，数据类型也从传统的文字、图片发展到动画、音频、视频、位置信息、链接信息、二维码信息等新类型的数据。

大数据为企业提高投资决策竞争力提供了新的舞台。投资决策是企业所有决策中最重要的决策，因此投资决策是企业参与竞争的一项关键竞争力。大数据中隐含了许多"金子"，然而"金子"却不是现成的，需要通过一定方法和工具才能"淘"出来。谁掌握最先进的"淘金"方法和工具，谁就能把握先机，从而获得竞争优势，而落后者就可能面临被淘汰的危险，可以说大数据为企业提供了一个全新的竞争舞台。

大数据时代企业内外部情报环境空前复杂，数据来源的多元化、数据类型的多样化、数据增长更新的动态化都考验着企业数据情报搜集分析能力。首先，大数据处理专业人才缺乏。一个合格的大数据专业人才要具备以下条件：深入了解企业内部资源禀赋及发展战略、项目投资决策涉及的经济和产业分析方法、具备数据探勘统计应用知识并熟悉数据分析工具操作。只有这样的专业人才才能激活大数据的价值，重新建构数据之间的关系，并赋予新的意义，进而转换成投资决策所需的竞争情报。其次，面临重新整合企业竞争情报组织模式的挑战。企业以往的竞争情报大部分是由企业情报分析部门与独立第三方情报咨询机构共同完成的，彼此分工明确，合作模式单一。大数据时代对数据反应速度的要求，对现有合作模式带来巨大挑战。最后，现有竞争情报分析方法不能适应大数据时代的要求。现有竞争情报分析方法大多是基于静态、结构化数据。而大数据明显的特征就是分布式、非结构、动态性。因此，企业必须在数据的处理量、数据类型、处理速度和方式方法方面进行创新。

二、竞争情报对大数据时代企业固定资产投资的影响

（一）实现智慧投资决策

企业投资决策是企业所有决策中最为关键、最为重要的决策，是企业众多情报需求中要求最高、最复杂的一种。投资决策最核心的内容就是研究企业现阶段自身的资源禀赋与拟投资项目的可匹配性。随着大数据时代的来临，大数据必将逐步渗透企业投资决策的每个环节，成为重要的生产要素。在科学技术日益发达、市场竞争日益激烈的大环境下，企业不能依然依靠投资驱动、规模扩张的发展方式来实现企业的发展。企业需要建立并完善科学的决策评价体系，指导企业资本投放到更有效率和效益的项目。但一个行之有效的决策评价体系必须有成熟可靠的数据为决策提供支持，而当前的 ERP 软件仅从企业内部现金流的可行性角度提供数据支撑，辅助财务人员判断投资决策是否可行，对于外部市场风险、项目重要性排序、净现值比较、投资回收期等方面欠缺合理的数据支持。

大数据时代财务信息系统能够延伸到企业外围，提供市场同类项目的相关风险、预期收益等，并在企业内部对投资总额测算模型与项目选择排序结果进行匹配，预测资金缺口，设计融资方案，形成完整的投资决策评价体系。例如，IBM 公司已经在完善企业投资决策方面有所作为，其推出的大数据产品 TM1 最初是为了计算每桶原油在国际油价市场的变化对于投资的影响。后来经过 IBM 的发展具备了处理复杂数据、快速计算，以及沙盘推演功能，并提供了制造业 S&OP（Sale&Operation Punning）解决方案、企业人力资源解决方案、企业投资决策方案等。TM1 产品在完善企业投资决策方面有所提高，但不能对企业外部风险进行评估，这是因为整个行业、整个社会的大数据平台的缺失。随着大数据发展的进一步成熟，未来企业投资决策对于外部市场风险的分析必将纳入财务信息系统，实现财务人员智慧投资。

（二）提高企业的投资决策效率

在经济全球化、企业规模化背景下，固定资产投资决策越来越频繁，其对企业的生产经营活动影响也越来越大。过去，由于数据采集、处理和分析技术的各种限制，企业的固定资产投资决策往往需要花费大量的时间进行数据的收集、整理和对比，并且需要进行长时间的实地考察、调研，这使得投资决策往往要耗费相当长的时间，决策效率相当低下。随着云计算、大数据技术的应用，企业基于云会计平台可以直接取得与固定资

产投资项目相关的财务和非财务数据，同时通过将企业的业务流程、财务流程以及管理流程相结合，能够避免部门之间数据的孤立，以及传递过程中的缺失和时间拖延。通过企业各分公司的业务系统及管理系统与云会计平台无缝对接，为企业固定资产投资决策提供海量的数据，这样大大节约了投资决策的数据获取时间。同时，采用大数据技术进行相关数据的整理、对比和分析，可以显著提高企业固定资产投资决策的效率。

（三）保障企业的投资决策质量

传统的投资决策方案一方面利用有限的数据资料，另一方面依靠投资决策者以往的经验来决定，其中主观因素导致的投资风险比较严重，决策质量较低。基于云会计平台，企业通过与互联网、移动互联网、物联网的连接，收集企业投资决策所需的财务与非财务数据，经由后台的数据模型进行数据整合、清洗、处理，使企业的固定资产投资决策有更加科学、准确、全面的数据支撑，进而减少主观判断依据，保障企业的投资决策质量。

因为固定资产投资的变现能力相对较差，所以企业持有的资产风险相对较大。固定资产投资面临着债务风险、投资总额变动风险、投资期变动风险，以及估算风险等诸多风险，由于固定资产回收期长、流动性差等特点，因此在固定资产投资决策中风险可控性对于企业来说至关重要。基于云会计平台，企业不再仅仅是单纯地进行财务数据的分析，而是对企业自身的财务状况、负债比重、现金流量、技术支持、人员配置等要素，以及外部环境的国际货币状况、市场营销情况、政府政策、投资环境、市场发展、消费者偏好等一切与投资决策相关的数据进行收集、挖掘，进而对比、分析得到对企业固定资产投资决策有价值的信息。云会计和大数据技术的应用，不但使投资决策更具有科学性，而且能够通过数据支撑，将风险控制在最小范围。

（四）减少企业的投资决策成本

企业固定资产的新建、扩建与改良一般涉及销售部门、库房存储部门、财务部门、生产制造部门等，传统的投资调研主要通过实地考察、纸质资料收集和整理、电子邮件、电话等途径，需要大量的人力、物力的支持。基于云会计平台，企业按需购买软件服务，通过互联网和数据端口与所有部门以及子公司相连接，减少了硬件和设备的成本，而且企业无须派大量的调研人员对市场和周围环境进行实地考察、评估。通过云会计平台，企业产品的市场销售情况、投资环境、消费者偏好、相似产品的市场占有量等结构化数据和包括产品相关图片、视频、音频、文本、文档等半结构化、非结构化数据都能够方便地被企业收集、整理和分析。企业基于云会计平台进行固定资产投资决策相关大数据分析，不但可以减少企业投资决策中过多的人力成本，还可以减少相关硬件设备的购买、维护和后续修理费用。

三、大数据时代企业投资决策竞争情报服务发展方向

（一）创新情报搜集研究方法

大数据产生价值的实质性环节就是信息分析，针对大数据所具有的全新特征，传统的竞争情报研究应该从单一领域情报研究转向全领域情报研究，综合利用多种数据来源，注重新型信息资源的分析，强调情报研究的严谨性和智能化。以市场情报为例，大数据时代应该从以前单纯对本项目产品市场调查扩展到替代产品、同类产品，更多增加对分散的动态竞争情报的分析，如竞争对手经销商、消费者需求变化；更多增加预测性情报分析，如未来 5~10 年市场规模、投资回报、价格走势等，大数据使得情报分析精准性大大提升，增加了不同类型情报间的关联分析，如微博信息（数据、位置信息、视频等）与历史数据建立相关性分析等。

（二）创新服务方式

我国移动互联网的发展已经超过传统互联网，智能手机和平板电脑日益普及，企业投资决策一般都是以团队的形式运行，在移动互联网时代，大数据情报搜集分析特别是服务可以采用跨平台连续推送，对于零散的动态数据则采用协作云端平台随时共享。在企业投资决策过程中，需要企业内部情报与外部情报的有机融合，大数据时代竞争情报服务应以云计算为基础，形成"非结构数据＋创新工具方法＋专家智慧"搭配格局的服务方式。

（三）与企业共同培养大数据专业分析人才

庞大的数据和短缺的人才，造成了一个巨大的鸿沟，阻碍着企业开发和利用数据蕴含的价值。人才的培养不能单靠一方完成，通过与企业组建大数据竞争情报分析团队的形式，产业经济学专业、投资专业、金融专业、统计专业、情报学专业等各种专业背景的研究人员通过彼此专业技能的渗透，各自形成既具有某一方面优势又具有复合能力的大数据分析人才。

第五节　大数据时代基于云会计的企业固定资产投资决策

一、大数据时代基于云会计的企业固定资产投资决策框架

决策效率、决策质量以及决策成本是评价投资决策的几个重要影响因素，这些因素在很大程度上影响着企业固定资产投资决策的科学性和合理性。基于云会计平台进行决策相关大数据分析，能够为企业的固定资产投资决策提供科学、全面、及时的数据支撑。

固定资产投资是企业日常财务活动最为重要的组成部分，是企业进行正常生产经营和维持生存发展的基础。在经济全球化的背景下，企业要不断地扩大自己的竞争实力，新建、扩建与改良生产设备是许多制造业企业采取的主要方式。企业所处国际市场环境中的结构化数据、半结构化数据、非结构化数据都已成为企业投资决策过程中不可忽视的重要战略资产，如何高效地利用这一重要资产已成为企业发展必须重视的问题。大数据时代基于云会计的企业固定资产投资决策框架如图4-1所示。

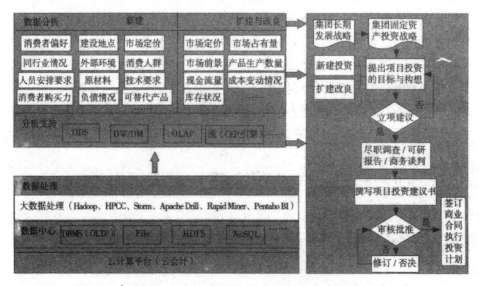

图4-1　大数据时代基于云会计的企业固定资产投资决策框架

企业固定资产投资决策所依赖的数据源，可以通过互联网、移动互联网、物联网、社会化网络等多种媒介，借助云会计平台，从企业内部、外部市场、银行等投资决策干系方获取。同时，借助大数据处理技术和方法（Hadoop、HPCC、Storm、Apache Drill、Rapid Miner 等）实现对获取数据的规范化处理，并通过 ODS、DW/DM、OLAP 等数据

分析与数据挖掘技术提取企业进行固定资产投资决策所需的财务与非财务数据，有针对性地对企业新建、扩建与改良生产设备的投资决策每一步骤提供有力的数据支撑。

二、大数据、云会计在企业固定资产投资决策中的应用价值

企业固定资产投资，尤其是新建生产设备，往往由于投资回报时间较长、资金占用量较大，关系到企业未来的发展与生死存亡，所以在投资决策前期需进行大量的调研和数据分析，确保决策的科学性和合理性。

（一）大数据、云会计使投资决策更科学

数据对企业进行固定资产投资决策起着非常重要的作用。企业在提出投资项目时需要了解市场情况、消费者的购买力以及同行业的销售情况等外部信息，而在投资项目决策阶段，需要企业对基于云会计平台获取的内外部大数据进行科学、宏观的分析。生产设备的新建、扩建与改良，一方面影响着产品的成本与定价，另一方面决定着企业的未来发展方向以及在竞争市场中的战略地位。从企业内部来看，基于云会计平台获取的固定资产投资决策相关大数据，针对生产设备的扩建与改良，企业能够准确、快速地获取该项目在以前经营过程中的产品生产数量、产品市场占有量、现金流量等财务信息，以及与投资项目有关的部门业务和人事关系、仓库储存量等非财务数据，分析比较投资决策的影响范围以及在后期经营中带来的利益与风险，通过分析企业内部的经营情况和现金流量考虑投资决策的可行性。而对于生产设备的新建，则需要企业充分了解市场的发展趋势，新建生产设备所需的资金筹备、企业的负债比重、现金流量、偿债能力等财务数据，判断这一投资决策是否符合企业长久的发展战略。基于云会计平台避免了企业内部数据的分散和信息的不对称性，企业将无障碍地整合所有子公司和部门的财务和非财务数据，这样更有利于决策的科学性和完整性，进而提高决策的准确率。

从企业外部来看，企业基于云会计平台通过与电子商务系统的接口，获取市场的公允价值、定价、顾客、数量等外部数据，分析消费者对于相关产品的选购情况，以及商品价位对销量的影响程度和产品的替代商品数据。消费者的偏好将决定产品的市场占有量以及日后的销售群体，可以通过云会计平台获取消费者的购买喜好、畅销地区、畅销时间段等数据，为生产设备的新建、扩建与改良提供有用的价值。通过对收集到的数据进行分析，评价该投资项目的产品在市场中的占有量是否已饱和，产品价格的变动范围是否存在，产品与可替代商品的价格差异是否有利等，这些企业外部数据对于固定资产投资决策至关重要。只有了解周围市场情况、投资项目相关产品的信息以及消费者数据、政府的经济政策、环境的相容度等数据，企业才能做出合理有效的投资决策。

（二）大数据、云会计使投资决策风险更可控

投资决策的风险主要由于缺乏信息和决策者不能控制投资项目的未来变化等原因造成，所以任何投资决策都存在着或大或小的风险，固定资产的新建、扩建与改良是固定资产投资的主要形式，由于其投资变现能力最差，所以投资风险也相对最大。然而一旦投资风险带来的损失超过企业的承受能力，企业只能停止经营，宣告破产。

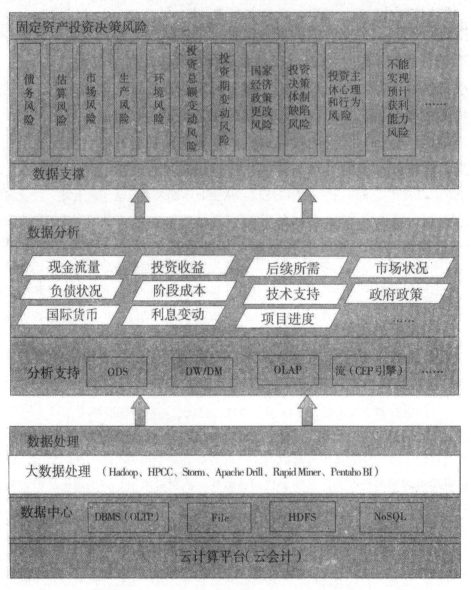

图4-2　大数据时代基于云会计的企业固定资产投资决策风险控制流程

基于云会计平台，决策者可以通过数据分析得到可靠的信息，对可能存在的风险原因和后果进行细致的分析、估算，利用大数据的信息资源不断调整战略目标和投资方向，从而将决策风险导致的损失减少到最小。大数据时代基于云会计的企业固定资产投资决

策风险控制流程如图 4-2 所示。

　　将图 4-2 在固定资产投资决策中，决策者追求利益最大化等主观因素，以及市场环境和生产设备技术要求等客观因素，都不可避免地使投资决策面临诸多风险。从主观因素来看，企业投资决策者的目标是单一、绝对的，利益最大化是企业投资的最终目标。但是，企业往往因为过于追求利益最大化而忽略了企业的长远发展战略、地方环境要求以及企业自身的财务状况等因素，投资项目在运行中的资金变化和投资期变动等都将给企业带来巨大的投资风险。从客观因素来看，在经济全球化下，市场需求和消费者偏好始终处于不断的变化中，货币政策和通货膨胀直接决定着消费者的购买力。采取可行的办法将企业的投资风险将至最低是企业在投资决策中面临的最大挑战。

　　基于云会计平台，将通过互联网、移动互联网、物联网、社会化网络等多种媒介收集到的数据进行处理、分析，对企业面临的债务风险、估算风险、市场风险等多种投资风险进行控制。企业内部的现金流量、负债状况、融资方式以及银行的贷款利率、税收部门的征税情况等数据，在企业进行投资决策时通过云会计平台进行分析，减小投资决策的估算风险、负债风险等财务风险。在投资决策实施中，通过云会计平台，企业将实际的现金流量与收益和预期的现金流量与收益进行对比，找出差异，分析差异存在的原因，做出相应的投资调整。企业应用云会计平台实现各个信息系统的无缝衔接后，数据能够及时共享与传递，一旦出现工程质量、工程进度或者现金流量不足等问题，可以及时调整投资项目的目标方向和工程的施工时间，调整、中断或者放弃该投资项目，降低投资总额和投资期变动带来的风险。

第五章　大数据时代企业财务风险预警与管理的转型及对策研究

第一节　大数据引发的财务数据风险

一、大数据与财务信息

由于大数据的技术支持，企业决策能够获得更多的有用信息，并对这些信息进行有效分析，对财务流程、投资方案所带来的成本、收入和风险进行研究，选择能够使企业价值最大化的方案和流程，帮助企业减少常规失误，进一步优化企业内部控制体系，最大限度地规避各种风险。大数据时代将为企业筹资、投资、营运、利润分配等各项业务提供更精准、全面的风险源数据，借助智能化内部控制和风险管理系统，财务人员能更好地完成对数据的提炼、分析与总结。大数据时代智能化信息系统还可自动计量风险资产，对公司各类资产进行盈利能力分析、偿债能力分析、敏感性分析、流动性分析等，并形成分析报告，给财务人员提供帮助。但是，大数据时代的到来，也引发了企业财务信息数据的风险。

二、收集宏观数据的风险

（一）数据管理的风险

风险管理的职能在于建立适合公司的风险管理体系，包括风险点识别、风险估测、风险评估、风险监控技术及风险管理结果检测，从而将风险控制在可影响的范围内，保证企业的健康可持续发展。面对日益发展的宏观经济环境，风险管理在企业财务管理中占据越来越重要的地位。企业面临的风险日益增加，企业环境的不确定性将成为一种常态。经济周期、资源的竞争、内外部环境的变化都会对企业形成不确定、不可避免的外部环境。

大数据时代，数据产生的增值效益日益突出，因此对数据管理提出更高的要求。企业财务数据管理风险主要表现在因数据管理不到位造成的各种不良后果，表现在财务系统因病毒、网络攻击、火灾及自然灾害等情况造成的无法正常使用；因管理不善造成的财务数据丢失、数据遭篡改，造成数据不能正常使用。这就要求企业在财务数据管理方面，一是加强制度建设，建立异地备份等管理机制，特别是要考虑当前企业运转条件下信息系统一体化的数据安全问题；二是加强信息安全管理，通过可靠的杀毒系统、系统防火墙建立可靠的信息安全屏障；三是明确数据管理人员的职责，建立数据管理牵制机制。

（二）数据质量风险

大数据时代企业所要处理的数据比较多，但数据的质量往往参差不齐，如有些数据不一致或不准确、数据陈旧以及人为造成的错误等，通常被称为"脏数据"。由于数据挖掘是数据驱动，因而数据质量显得十分重要。"脏数据"往往导致分析结果的不正确，进而影响到决策的准确性。由于大部分的数据库是动态的，许多数据是不完整的、冗余的、稀疏的，甚至是错误的，这将会给数据的知识发现带来困难。由于人为因素的存在，如数据的加工处理以及主观选取数据等，会影响数据分析模式抽取的准确性。大量冗余数据也会影响到分析的准确性和效率。

因此，在大数据时代，不能不计成本盲目收集各种海量的数据，否则将成为一种严重的负担。数据的体量只是大数据的一个特征，而数据的价值、传递速度和持续性才是关键。总之，在大数据时代，通过对数据质量的控制和管理，可以提高数据分析的准确性。数据应用成为整个数据管理的核心环节，数据应用者比数据所有者和拥有者更加清楚数据的价值所在。由于数据的爆发式增长，在大数据时代宏观数据的质量直接关系甚至决定了数据应用的效率和效果。企业采用宏观数据质量风险主要表现在由于数据不准确造成错误的分析结果，误导管理层；因宏观数据不完整造成决策支持效果不佳。这就要求企业在数据采集、处理和应用的过程中必须确保数据的质量。而在衡量数据的质量时，要充分考虑数据的准确性、完整性、一致性、可信性、可解释性等一系列标准。

三、收集内部数据的风险

（一）成本数据的完整性

风险管理与企业内部控制的内容紧密联系，风险管理的风险处理点是内部控制的着力点，高效的内部控制会使企业对外部环境有更好的适应性，极大降低了企业的风险发生率。成本的高低是企业获得市场的一个很关键的因素。大数据时代下，专业的成本控制与分析人员不仅要具备一定的财务专业知识，还需要深入企业了解企业的工艺流程、生产过程、整个内控流程，关注生产效率、报废率、各种成本的差异、各种费用的使用情况，通过大数据技术，及时采集到与企业成本相关的数据，并应用于成本控制系统，进行分配与归集，分析成本构成，从而达到对公司进行有效控制的目的，为公司的决策提供依据。因此，企业应用大数据技术进行风险管理时，将会提供更为全面、准确的业务数据，借助财务云的智能化处理系统，准确地对风险进行分析与总结；大数据技术下的信息化处理系统，可自动评估企业的风险，对各资产情况进行智能分析，得出风险分析报告，帮助企业更高效地进行风险管理，同时，实现事前的风险预测、事中的风险控制及事后的风险管理。大数据处理系统可以在很大程度上提高企业风险管理的前瞻性。基于大数据技术的处理系统，企业能够获得更多有效的具有实时性的信息，可以帮助企业对投融资、收入、支出及风险控制等进行研究，从而对企业的运营决策进行指导，减少企业的无效流程及成本，优化企业的管理体制，进行有效的内部控制，尽可能规避企业的经营风险。

（二）财务数据应用风险

传统数据管理侧重于数据收集，而在大数据时代，数据应用成为整个数据管理的核心环节，数据应用者比数据所有者和拥有者更加清楚数据的价值所在。企业数据应用风险主要表现在对高质量数据的不当应用，如使用了错误的财务分析模型，甚至是人为滥用造成偏离数据应用目标的情况；在应用财务数据过程中因管理不到位或人为因素造成企业商业机密泄露。这就要求企业高度重视大数据的应用管理，首先要明确数据应用管理的目标，并建立高效的数据应用管理机制，以确保数据应用效果；其次要通过明确数据应用者的管理职责，加强数据应用过程中的核心信息管理，确保企业核心商业机密的安全性。

（三）财务数据过期风险

传统数据管理强调存在性，即获取数据并满足企业的要求。而在大数据时代，企业对数据时效性的要求空前提高。企业财务数据过期风险主要表现在对于数据的时效性管理不到位、财务数据反馈不及时造成决策不及时、贻误商业机会等情况。这就要求企业从战略导向出发，高度重视数据应用的时效性管理，一方面在财务数据获取环节要充分考虑时间的及时性和可靠性；另一方面要在数据应用环节注意对数据的甄选，确保财务数据立足当前、面向未来，只有这样，才能帮助企业在瞬息万变的市场环境中占据一席之地。

四、企业会计信息的风险

（一）共享平台建设略显滞后

为了推动会计信息化的蓬勃发展，我国早在 2004 年就制定并发布了《信息技术 会计核算软件数据接口》（GB/T 19581—2004）国家标准。2010年6月又发布了更新版的《财经信息技术　会计核算软件数据接口》（GB/T 24589—2010）系列国家标准。随着国际上以 XBRL（可扩展商业报告语言）为基础的会计数据标准的产生，我国于2010年10月发布了《可扩展商业报告语言（XBRL）技术规范》（GB/T 255001—2010）系列国家标准和《企业会计准则通用分类标准》。由此可见，我国在会计数据标准的制定和应用方面始终走在国际前沿，尤其是GB/T 24589—2010系列标准，不仅包括会计科目、会计账簿、记账凭证、会计报表，还涵盖了应收应付、固定资产等内容，填补了国内标准化方面的空白，即使在国际上也处于领先地位。

大数据环境下，云会计的推广和应用为企业带来许多益处。企业用户与云会计服务商签订使用协议，并按期支付费用以后，就可以获得海量的存储空间，将各种会计信息存放到云端，同时软件的开发和维护也全部由云会计服务商负责，企业用户的运行成本及维护成本大幅下降。云会计可以让企业将工作重心转移到经营管理上，而将会计信息化的基础建设和软件服务工作外包给互联网企业，这种模式所带来的优势和效率显而易见，将推动企业管理模式的转变和思维模式的转变。与此同时，要在企业中推广云会计的应用，还存在急需突破的困境，这些困境不但制约云会计服务商的发展壮大，而且无法消除企业采纳云会计的种种疑虑。

现代会计信息化的发展依赖于共同资源共享平台的建设，如云会计的发展主要依赖于云计算平台的技术发展。对于云计算供应商来说，在可扩展性较强的云计算模式下，他们通过专业化和规模经济降低提供软件服务成本的同时，需要依靠大数量的用户提高自己的经济效益。

但面对客户的需求要提供一套与中小企业用户相符的会计信息化系统，这就需要进行大量的前期准备工作，主要是对用户的需求进行综合分析。不同于传统的按需定制软件，云计算供应商要求能够满足不同用户、不同地域和不同业务规则的需求，所以对服务的适应性、扩展性以及灵活性要求非常高，在技术上也提出了更高的要求。因此，云计算平台建设的资金起点和技术水平较高，研发周期较长且风险较大。

目前，知名的云计算平台大多来自美国，如谷歌、亚马逊、Salesforce、脸书等，同时微软、富士通、IBM、SAP等IT成熟公司也建有企业内部的云计算平台。相比国外先进的云计算技术平台，我国刚刚开始起步的自主研发财务会计信息化的云计算平台尚未成熟，且应用推广力度不够。国外开发的云计算平台，由于众所周知的原因，广大的企业并不放心将企业的经济数据及会计数据放到这些外部平台系统上。国内的云会计平台建设滞后，也使云会计这种新型会计信息化模式发展面临巨大的障碍。由于云会计的建设较多依赖于云会计服务提供商，云会计服务提供商的专业能力和售后服务质量直接影响云会计的应用效果。一旦云会计服务提供商技术支持响应不及时，或者停止运营，就可能对企业的正常运营造成破坏性影响。因此，云会计平台建设的滞后直接影响着会计信息化的发展速度。

（二）数据标准缺失困境

目前尚没有明确的指导性和约束性文件，云会计服务商只是凭着商业逻辑开发相关的软件并提供硬件基础服务，用户也只是根据自身需要选择相应的服务，至于是否符合未来云会计数据的要求，则无暇顾及。各厂商在开发产品和提供服务的过程中各自为政，给将来不同服务之间的互联互通带来严重障碍。例如，用户将数据托管给某个云会计服务商，一旦该服务商破产，用户能否将数据迁移至另一个云会计服务商？如果用户将数据同时托管给多个云会计服务商，能否便捷地执行跨云的数据访问和数据交换？目前在数据的处理标准方面还没有具体的突破，尤其是在数据汇集以后，如何整理、如何分析、如何访问，是三个密切联系又急需解决的问题。

在大数据环境下，数据该如何共享，如何保持一致性，也必须有标准来支撑。另外，数据的质量标准是数据在各个环节保持一致的基础，这方面的缺失使数据的应用范围受到极大约束。由于数据标准的缺失，导致云会计的应用及服务标准也难以制定，如何对不同云会计服务商提供的服务进行统一的计量计费？如何定义和评价服务质量？如何对服务进行统一的部署？这些问题也使云会计的普及举步维艰。

（三）安全问题困境

云会计的安全不仅涉及当事企业，也与许多第三方企业的利益息息相关，这个问题解决得好，可以极大地促进云会计的发展，否则将使涉事企业面临经济、信用等多方面的巨大损失。一是存储方面的安全问题，云会计的存储技术运用虚拟化及分布式方法，用户并不知道数据的存储位置，云会计服务商的权限可能比用户还要高，因此云会计的数据在存储时，如果存储技术不完善，那么会计信息将面临严重的安全隐患。二是传输方面的安全问题，传统的会计数据在内部传输时，加密方法一般比较简单，但传输到云会计服务商的云端时，可能被不法用户截取或篡改，甚至删除，将导致重大的损失。

目前，我国网络会计信息化应用软件比较简单，安全系数较低，其密码很容易被互联网中的监听设备或木马程序等病毒截获。此外，在身份认证管理方面，由于个别数据库管理员（DBA）或会计操作人员缺乏对系统用户口令安全性的认知，为了操作方便往往采用电话号码、生日号码等作为密码，这些数字口令极易被网络黑客破译，给系统留下了安全隐患。

在云会计中，企业的各种财务数据通过网络进行传递，数据的载体发生了变化，数据流动的确认手段也出现了多种方式，这时加强数据加密工作是云会计安全运行的关键。

事实上，在我国网络会计系统中数据的加密技术仍然不是非常成熟。大多数软件开发商在开发软件时，数据密钥模块的设置过于简单。加密则主要是对软件本身的加密，以防止盗版的出现，很少采取数据安全加密技术。虽然在进入系统时加上用户口令及用户权限设置等检测手段，但这也并不是真正意义上的数据加密。

网络传输的会计数据和信息加密需要使用一定的加密算法，以密文的形式进行传输，否则信息的可靠性和有效性难以得到保障。在数据没有加密的情况下，数据在互联网中传输容易出现安全性问题，企业竞争对手或网络黑客可以利用间谍软件或专业病毒，突破财务软件关卡进入企业内部财务数据库，非法截获企业的核心财务数据，并可能对传输过程中的数据进行恶意篡改。企业最为机密的核心财务数据遭黑客盗窃、篡改，或是被意外泄露给非相关人员，这对企业无疑是致命的。

第二节　大数据在企业风险管理中的应用

一、企业集团依托信息系统开展风险管理的主要模式

（一）企业集团统一实施 ERP 信息系统

当大型企业集团进入相对平稳的发展阶段，为了规范业务流程和防范风险，通常会采用实施 ERP 信息系统的方式固化业务流程、强化计划执行并辅助公司决策，进而实现对企业资源高效利用的目标，而这种模式也为许多专业的 ERP 软件公司提供了机会。目前，我国的大型企业集团主要采用了 SAP、Oracle 等国际主流的 ERP 软件和配套服务，同时也在一些专业领域采用了浪潮、用友等国内相对成熟的管理软件。

通过采用成熟的 ERP 软件和配套服务，企业集团一方面节约了自行开发信息系统的时间和精力；另一方面也在实施 ERP 项目的过程中，引进了同类行业成熟的管理理念和流程。统一实施 ERP 系统的另一个好处是，通过实施标准化的流程形成了标准统一的"结构化数据"，未来就可以直接运用基于标准化数据的大数据分析平台进行分析，为经营决策提供高效支持。

在大数据技术广泛应用的当下，国内外的 ERP 软件服务也在与时俱进。例如，SAP 公司近期就推出了基于 ERP 软件的大数据分析平台——SAPHANA，其实质就是先把企业的"大数据"全部统一到 SAP 的"标准框架"下，然后进行高效的分析处理。在大型企业集团的实践中，由集团总部统一实施 ERP 信息系统也是基于这一理念，通过把企业的全部生产经营活动转化成唯一的"数据语言"，实现了企业集团数据标准的整齐划一。

（二）基于企业集团的各类原始数据搭建大数据分析平台

在企业集团对公司架构的"顶层设计"相对完善的前提下，推进实施统一的系统是较为简单的一种模式，但在实际情况中，推行"大一统"信息系统面临诸多挑战。第一，企业集团的成员单位在业务模式和管理架构方面存在差异，许多个性化的管理需求难以通过一个信息系统得到完全满足；第二，一些企业集团通过兼并重组其他企业实现了快速发展，但在兼并后的业务整合既有可能影响原有管理架构和业务流程，也可能给 ERP 信息系统的整合带来挑战；第三，企业集团的"顶层设计"是一项系统性工程，而在"顶层设计"尚不完备的情况下，是先满足业务发展的需求在集团一定范围内实施 ERP，还是"顶层设计"方案完成后再自上而下推进实施，许多企业集团都面临实际的两难选择。

不过，随着大数据分析技术的快速兴起，通过搭建大数据分析平台的企业风险管理模式，将成为解决上述难题的一条捷径。大数据的"大"不仅体现在数据的"量"（Volume）上，还同时表现为"即时性"（Velocity）、"多样性"（Variety）和"真实性"（Veracity）的特征，即大数据的"4V"。当企业集团处在多个 ERP 系统并行、信息管理系统林立的情况下，实际就面临着数据结构不一、结构化数据和非结构化数据并存的庞杂局面。大数据分析正是将这些来自历史的、模拟的、多元的、正在产生的庞杂数据，转化为有价值的洞见，进而成为企业或组织决策辅助的选项。

二、企业风险管理中应用大数据分析技术

（一）金融行业风险管理应用大数据

通过应用大数据分析技术，金融企业的竞争已在网络信息平台上全面展开。说到底就是"数据为王"：谁掌握了数据，谁就拥有风险定价能力，谁就可以获得高额的风险收益，最终赢得竞争优势。近一段时期，蓬勃兴起的大数据技术正在与金融行业，特别是"互联网金融"领域快速融合，这一趋势已经给我国金融业的改革带来前所未有的机遇和挑战。

目前，中国金融业正在快步进入"大数据时代"。国内金融机构的数据量已经达到 100TB 以上级别，并且非结构化数据量正在快速增长。因此，金融机构在大数据应用方面具有天然优势：一方面，金融企业在业务开展过程中积累了包括客户身份、资产负债情况、资金收付交易等在内的大量高价值数据，这些数据在运用专业技术进行挖掘和分析之后，将产生巨大的商业价值；另一方面，金融行业的高薪酬不仅可以吸引到具有大数据分析技能的高端人才，也有能力采用大数据的最新技术。

具体来说，金融机构通过大数据进行风险管理的应用主要有以下两个方面：

第一，对于结构化数据，金融机构可运用成熟的风险管理模型进行精确的风险量化。

例如，VAR 值模型目前已经成为商业银行、保险公司、投资基金等金融机构开展风险管理的重要量化工具之一。金融机构通过为交易员和交易单位设置限额，可以使每个交易人员都能确切地了解自身从事的金融交易可承受的风险大小，以防止过度投机行为的出现。

第二，对于非结构化数据，金融机构根据自身业务需要和用户特点定制和选用适合的风险模型，使风险管理更精细化。例如，在互联网金融的 P2P 借贷平台"拍拍贷"中，确保其开展业务的核心工作就是风险管理，而进行风控的基础就是大数据。基于客户多维度的信用数据，风控模型将会预测从现在开始 3 个月内借款人的信用状态，并以此开展借贷业务。

（二）企业集团开展风险管理应用大数据

相比金融行业，以能源、机械制造、航运为主业的企业集团所产生的大数据的庞杂程度相对较低，有利于直接采用成熟的大数据分析技术开展风险管理。一方面，因为工业企业所采用的信息系统一般都是大型软件厂商的标准 ERP 系统，产生的数据也多为结构化数据，便于直接用于分析决策；另一方面，传统行业在利用数据进行辅助决策的过程中，通常还是基于"因果关系"对可能影响企业生产经营的重要指标数据进行关注，而许多被认为"不重要"的数据并没有被采集到企业的信息系统之中，这就使大数据的价值实现打了折扣。

要在企业集团推进全面风险管理，不仅需要通过企业的 ERP 信息系统采集被认为"重要"的各类结构化数据，还需要对网页数据、电子邮件和办公处理文档等半结构化数据，以及文件、图像、声音、影片等非结构化数据进行及时有效的分析，才能够充分客观地掌握企业集团的全貌，让企业和组织结合分析结果做出更好的业务决策，从而真正实现全面风险管理的目标。

具体而言，大型企业集团运用大数据开展风险管理有以下几个方面的好处：

第一，可以有效防范金融市场风险。例如，随着我国利率市场化的加速推进，企业集团面临的利率风险日渐显著，2013 年 6 月出现的"钱荒"给许多企业集团的资金管理造成了不小的影响，而借助金融大数据并辅以模型分析，企业集团可以进一步提高利率风险的管理水平，提前防范金融市场风险。

第二，可以有效降低信用风险。虽然国有企业面临的信用风险总体水平较低，但是在信用风险模型建立和风险预警系统的建设方面，我国的企业集团目前仍有较大的改进空间。集团总部可以调整单纯依靠下级企业和客户提供财务报表来获取信息的方式，转而对资产价格、账务流水、相关业务活动等流动性数据进行动态和全程的监控分析，从而改进企业的信用风险管理。

第三，能够降低企业管理和运行成本，降低操作风险。通过大数据的分析应用，企业集团可以准确地定位内部管理缺陷，制定有针对性的改进措施，实行符合自身特点的管理模式，进而降低管理运营成本。此外，通过对数据的收集和分析，企业还可以有效识别业务操作中的关键风险节点，并借此改进工作流程以降低操作风险，从而提高整个业务流程的运行效率。

三、企业集团运用大数据进行风险管理的实施路径

运用大数据进行风险管理，实质上就是企业集团在应对各领域数据的快速增长时，基于对各类数据的有效存储，进一步分析数据、提取信息、萃取知识，并且应用在风险管理和决策辅助上。一般而言，运用大数据技术和大数据分析平台进行风险管理和价值挖掘要经过以下几个步骤。

（一）实施数据集中，构建大数据基础

要让企业的大数据发挥价值，集团总部首先要完全掌握全集团已有的和正在产生的各类原始数据。因为，只有先确保数据的完整性和真实性，才能通过足够"大"的数据掌握集团的实际运行情况，而这必然意味着集团总部要求成员单位向总部进行"数据集中"。相应地，集团总部也需要"自上而下"地搭建数据集中的软硬件设施、数据标准和组织机构。

具体而言，企业集团必须完成前期的一系列基础性工作：①建立用于集中存放数据的数据库或"企业云"；②明确需要成员单位"自下而上"归集的数据类型和数据标准；③建立专门的管理机构，负责数据库的日常维护和信息安全。

（二）搭建分析平台，优化大数据结构

在实现了"大数据"集中后，还必须解决不同结构的数据不相容的问题，才可能充分利用企业集团的全部数据资源。基于前文提出的两种风险管理模式，企业集团可以根据实际情况选择其中一种，对集团的大数据进行标准化或优化。

具体而言，对 KRP 系统覆盖范围广，结构化数据占绝大多数的企业集团，可以通过建立 ERP 之间的"数据接口"，将标准不一的结构化数据转换到统一标准的分析平台上进行分析；对未统一实施 ERP 系统或实施范围小、非结构数据居多的企业集团，也可以通过建立大数据分析平台（如 Hadoop），构建数据模型，运用数据分析技术直接对原始数据进行分析。

（三）打造专业团队，开展大数据分析

企业集团要让数据发挥价值，开展数据分析工作是核心。要确保这项核心工作落地，

不仅需要建立专门的数据分析团队，还要聘用统计学家和数据分析家组织数据分析和价值挖掘。因为相比行业专家和技术专家，数据分析家不受旧观念的影响，能够聆听数据发出的声音，更好地分辨数据中的"信号"和"噪声"。

具体而言，要打造大数据团队，一方面需要聘请从事统计建模、文本挖掘和情感分析的专业人员，另一方面也要吸收财务部门中善于研究、分析和解读数据的"潜力股"人才。更重要的是，要培育重视数据分析的企业文化，才能在企业中实现大数据团队的价值。

（四）实现分析结果便捷化和可视化，辅助管理者进行决策

若要运用大数据的分析结构辅助决策，就要让企业管理者能够轻松了解、使用和查询数据，因此大数据平台面向最终用户的界面还需要提供简单易上手的"使用接口"。这类"使用接口"不仅要具备数据搜索功能，还要能够通过图表等可视化的方式快速呈现分析结果，只有这样才可以帮助企业管理者清晰地了解企业运营的情况，高效地辅助管理者进行数据化决策。

第三节　财务风险预警和管理的新途径

一、大数据在企业财务风险预警和管理中的重要作用

对于当前我国很多企业财务风险预警工作来说，正在逐步地涉猎大数据的使用，大数据就是指采用各种方法和手段来大范围调查各种相关信息，然后合理地应用这些信息来促使其相应的调查结果更为准确可靠，尽可能地避免一些随机误差问题的产生。具体到企业财务风险预警工作来看，其对于大数据同样具备较强的应用价值，其应用的重要性主要体现在以下几个方面：

（1）大数据在企业财务风险预警中的应用能够较好地完善和弥补以往所用方式中的一些缺点和不足。对于以往我国各个企业常用的财务风险预警方式来说，主要就是依赖于专业的企业财务人员来进行相应的控制和管理，虽然这些企业财务管理人员在具体的财务管理方面确实具备较强的能力，经验也足够丰富，但是在具体的风险预警效果上却存在着较为明显的问题，这些问题的出现一方面是因为企业财务管理人员的数量比较少，而具体的风险又是比较复杂的，因此便会出现一些错误；另一方面则是企业财务管理人员可能存在一些徇私舞弊或违规操作等问题，进而对于相应的风险预警效果产生较

大的影响和干扰。

（2）大数据自身的优势也是其应用的必要体现。对于大数据在企业财务风险预警中的应用来说，其自身的一些优势也是极为重要的，尤其是在信息的丰富性上更是其他任何一种方式所不具备的，其所包含的信息量是比较大的，能够促使其相应的结果更接近于真实结果，进而更好地提升其应用的效果。

二、基于大数据的企业财务风险预警和管理

在企业财务风险预警工作中，恰当地应用大数据模式确实具备较为理想的效果，从具体分析来看，在企业财务风险预警和管理中这种大数据的使用主要应该围绕以下两个步骤来展开。

（一）大数据的获取

要想切实提升企业财务风险预警工作中大数据的应用价值，就应该首先针对其相应的大数据获取进行严格的控制和把关，尤其是对于大数据获取的方式进行恰当的选取。一般来说，大数据模式的采用都要求其具备较为丰富的数据信息量，因此，为了较好地获取这种丰富的信息数量，就应该重点针对其对应的方式进行恰当选取。在当前的大数据获取中，一般都是采用依托于互联网的形式进行的，尤其是随着我国网民数量的不断增加，其可供获取的数据信息资源也越来越多，在具体的网络应用中，便可以在网络系统上构建一个完善的信息收集平台，然后吸引大量的网络用户参与这一信息收集过程，只要是能够和该调查信息相关的内容都应该进行恰当的收集和获取，通过这种方式就能够较大程度上获取大量的信息资源。此外，这种依托于网络的大数据获取模式，还具备较好的真实性，因为其调查过程中并不是实名制的，就给了很多具体相关人员说实话的机会，也就能够促使相对应的企业财务风险预警工作更为准确。

（二）大数据的分析和应用

在大量的数据信息资源被收集获取之后，还应该针对这些大数据进行必要的分析和处理，经过处理之后的数据才能够更好地反映出我们所需要的一些指标信息，这一点对于企业财务风险预警工作来说更是极为关键。具体来说，这种大数据的分析和处理主要涉及以下几个方面：①针对数据信息中的重复信息和无关信息进行清除，进而减少信息数量，这一点相对于大数据来说是极为重要的，因为一般来说调查到的数据信息资源是比较多的，这种数量较大的数据信息资源必然就会给相应的分析工作带来较大的挑战，因此先剔除这些信息就显得极为必要；②研究变量，对于具体的企业财务风险预警工作来说，最为关键的就是应该针对相应的指标和变量进行研究，这些指标和变量才是整个

企业财务风险预警工作的核心所在，具体来说，这种变量的研究主要就是确定相应的预警指标，然后针对模型算法进行恰当的选取。

三、大数据时代对财务风险理论的影响

过去财务核心能力包括财务决策、组织、控制和协调，如果这些能力能够超过竞争对手的话，企业就会在竞争中具有绝对的优势。但是随着时间的推移，企业环境的多变性和不稳定性加剧了企业之间的竞争，企业除了具备上述的能力外，还需要拥有很强的识别能力以及对风险的预知能力。因此，现在的财务风险防范胜于防治，做好财务风险的预警和控制就成了当今企业的重要处理对象。

财务风险管理者对大数据分析方法的研究应聚焦于基于大数据的商务分析，以实现商务管理中的实时性决策方法和持续学习能力。传统的数据挖掘和商务智能研究主要侧重于历史数据的分析，面对大数据带来的机遇，企业需要实时地对数据进行分析处理，帮助企业获得实时商业洞察。例如，在大数据时代，企业对市场关键业绩指标（KPI）可以进行实时性的监控和预警，及时发现问题，尽快做出调整，同时构建新型财务预警机制，及时规避市场风险。

企业所面对的数据范围越来越宽、数据之间的因果关系链更完整，财务管理者可以在数据分析过程中更全面地了解到公司的运行现状及可能存在的问题，及时评价公司的财务状况和经营成果，预测当前的经营模式是否可持续、潜藏哪些危机，为集团决策提供解决问题的方向和线索。与此同时，财务管理者还要对数据的合理性、可靠性和科学性进行质量筛选，及时发现数据质量方面存在的问题，避免因采集数据质量不佳导致做出错误的选择。

（一）传统的财务风险及预警

公司所面临的风险主要涉及商业风险和财务风险，以及不利结果导致的损失。商业风险是由于预期商业环境可能恶化（或好转）而使公司利润或财务状况不确定的风险；财务风险是指公司未来的财务状况不确定而产生的利润或财富方面的风险，主要包括外汇风险、利率风险、信贷风险、负债风险、现金流风险等。一个有过量交易的公司可能是一个现金流风险较高的公司。对库存、应收款和设备的过分投资导致现金花光（现金流变成负的）或贸易应付款增加。因此，过量交易是一种与现金流风险和信贷风险有关的风险。对风险的识别与防控无疑是企业财务管理的核心与灵魂。财务理论中有关风险的核心观点与内容应该包括以下几点：

（1）财务理论中所指的"风险"主要来源于数理分析中的"风险性和不确定性"事件。虽然有时候财务理论也强调"风险性"和"不确定性"之间的差异，但是在"主观概率的"

引导下，几乎对"风险性"与"不确定性"同等看待。

（2）财务理论大多关注如何"减低"企业流动性风险（偿付能力）等具体的风险。

（3）在风险防范的对策方面，财务理论所提供的解决方法：一是对资本结构进行适当水平的动态调整；二是结合证券投资理念中的投资组合思想。

巴菲特认为，学术界对风险的定义存有本质错误，风险应指"损失或损害的可能性"，而不是贝塔值衡量的价格波动性，用贝塔值衡量风险精确但不正确，贝塔值无法衡量企业之间内在经营风险的巨大差异。显然，这样的财务管理理论在风险与风险管理理念、内容和技术方面均存在缺陷，仅从数理角度去表达、计算以及探索风险防范。

（二）企业财务风险管理理论重构

在大数据时代，财务风险管理理论需要在多方面进行重构。

第一，财务风险概念重构。财务风险是一个多视角、多元化、多层次的综合性概念。一个现实的、理性的财务风险研究理论应该是在对风险要素、风险成因、风险现象等不同财务风险层次的理解和研究的基础上形成的。

第二，风险防控对策重构，要特别关注各类风险的组合和匹配。如 Ghemawat（1993）指出，当经济处于低迷期，企业需要在投资导致财务危机的风险与不投资带来竞争地位的损失之间进行权衡。当经济处于萧条期，如果企业过度强调投资带来的财务风险，那将以承受不投资导致竞争地位下降的风险。因此，企业需要根据对经济环境的判断，平衡投资财务风险和投资竞争风险。

第三，风险评估系统重构。企业应降低对防范风险金融工具的依赖。大数据背景下的财务管理理论应以实用为原则，围绕如何建立更加有效的评估企业经营风险状况的预警系统进行深入探讨，良好的风险预测能力是防范风险的利器。

对企业经营风险的控制，需要企业开发基于大数据、能够进行多维度情景预测的模型。预测模型可以用于测试新产品、新兴市场、企业并购的投资风险。预测模型将预测分析学和统计建模、数据挖掘等技术结合，利用它们来评估潜在威胁与风险，以达到控制项目风险的目的。例如，万达集团基于大数据的预测模型，既是预算管控的最佳工具，也是风险评估与预防的有效平台。

（三）在信贷风险分析中的应用前景

以 2008 年美国金融危机为例，这次危机肇始于房地产抵押贷款，雷曼兄弟、房利美、房地美、美林和贝尔斯登等财团相继破产或并购，倘若事前已经建立大数据风险模型，及时对金融行业的系统性风险及其宏观压力进行测试，这场波及全球的金融危机或许能够避免，至少可以避免房贷风险溢出而放大多米诺骨牌效应。

倘若 2008 年以前华尔街就建立了大数据财务风险模型，雷曼兄弟等财团能正确地对客户群进行预风险分析，倘若美联储和美国财政部早些时候能关注宏观经济流量和金融市场变量的风险，及早利用大数据分析技术制订金融危机预案，切断风险传递，危机就不会严重冲击全球经济。

综上所述，作为集团公司要建立风险防控机制，通过大数据风险预测模型分析诊断，及时规避市场风险，最大限度减少经济损失。信贷风险是长期困扰商业银行的难题，无论信贷手册如何详尽、监管措施如何到位、信贷员们如何尽职仍难以规避坏账的困扰，大的违约事件仍层出不穷。准确和有价值的大数据信息为银行的信贷审批与决策提供了新的视角和工具管理，信贷风险的难点在于提前获得企业出事的预警。

以前，银行重视的是信用分析，从财务报表到管理层表现，依据历史数据，从历史推测未来。自从社交媒体问世后，包括微信、微博在内的社交网站以及搜索引擎、物联网和电子商务等平台为信贷分析提供了一个新维度，将人们之间的人脉关系、情绪、兴趣爱好、购物习惯等生活模式以及经历一网打尽，为银行提供非常有价值的参考信息。银行凭借这些更加准确和具有厚度的数据完成对客户的信用分析，并根据变化情况相应地调整客户评级，做出风险预判。这样一来，信贷决策的依据不再是滞后的历史数据和束缚手脚的条条框框，而是变化中的数据。信贷管理从被动变为主动、从消极变为积极，信用分析方面从僵化的财务报表发展到对人的行为分析，大数据为信贷审批与管理开创了全新的模式。

第四节　大数据帮助企业建立风险管理体系

一、大数据下的企业风险管理

风险是指企业在各项财务活动过程中，由于各种难以预料或无法控制的因素，使企业实际收益与预计收益发生偏离的一种可能性。鉴于财务的谨慎性原则，提到风险人们一般最先想到的是损失与失败。风险管理是现代企业财务管理的重要内容，企业风险复杂性日益提高，不确定性将成为企业必须面对的一种常态。经济波动、资源紧张以及政治和社会变动都对企业构成不确定、不稳定的经营环境，而研发失败、营销不力、人事变动等内部风险亦不可避免。风险管理和内部控制紧密相连，智能化风险管理系统对企业各项业务进行监控、指标检测及预警、压力测试，并可针对各类风险事件进行处理，实现事前、事中的风险控制及事后的管理监测。

同时，大数据还增强了企业风险管理的洞察力和前瞻性。内部控制是指企业为了确保战略目标的实现、提高经营管理效率、保证信息质量真实可靠、保护资产安全完整、促进法律法规有效遵循，而由企业董事会、管理层和全体员工共同实施的权责明确、制衡有力、动态改进的管理过程。内部控制是一个不断发展、变化、完善的过程，它由各个阶层人员来共同实施，在形式上表现为一整套相互监督、相互制约、彼此联结的控制方法、措施和程序，这些控制方法、措施和程序有助于及时识别和处理风险，促进企业实现战略发展目标，提高经营管理水平、信息报告质量、资产管理水平和法律遵循能力。内部控制的真正实现还需管理层人员真抓实干，防止串通舞弊。

大数据时代下，企业面临纷繁复杂的数据流，数据的有效运用成了企业的一种竞争实力。数据集成是通过各种手段和工具将已有的数据集合起来，按照一定的逻辑关系对这些数据进行统一的规划和组织，如建立各种数据仓库或虚拟数据库，实现数据资源的有效共享。随着分布式系统和网络环境日益普及，大量的异构数据源被分散在各个网络节点中，而它们之间往往是相互独立的。为了使这些孤立的数据源能够更好地联系起来，迫切地需要建立一个公共的集成环境，提供一个统一的、透明的访问界面。

数据集成所要解决的问题是把位于不同的异构信息源上的数据合并起来，以供这些数据的统一查询、检索和利用。数据集成屏蔽了各种异构数据间的差异，通过集成系统进行统一操作。企业要根据数据驱动的决策方式进行决策，这将大大提高企业决策的科学性和合理性，有利于提高企业的决策和洞察的正确性，进一步为企业的发展带来更多的机会。内部环境是企业实施内部控制的基础，包括企业治理结构、机构设置及权责分配、内部审计、人力资源政策、企业文化等内容。

二、大数据在企业建立风险管理体系中的作用

（一）运用大数据推动企业内控环境的优化

1.通过大数据推动内控环境有机协调

企业董事会、监事会、审计部、人力资源部等组织分立、职责区分、相互制衡，有助于内控目标的实现，但也容易产生纵向、横向的壁垒与相互协作上的障碍。而在内外部数据可得与技术可行的情况下，大数据有助于推动内控环境各环节、各层次之间的信息共享与相互透明化，从而推动内控环境内部的有机协调，提升内部控制的效果。

2.通过大数据来准确衡量内控环境的有效性

如对企业文化的评估是内部环境的重要环节，但企业文化又属隐性的。如果能够通过对社交网络、移动平台等大数据的整合，将员工的情绪、情感、偏好等主观因素数据化、可视化，那么企业文化这种主观性的东西也就变得可以测量。

3.通过大数据来增加内控环境的弹性

如在机构设置方面，一家企业创建怎样的组织结构模式才合适，没有一个标准答案。

而在基于大数据分析的企业中，企业的人工智能中枢或者计算中心有望从企业的战略目标出发，根据企业内外部竞争环境的变化，对组织机构做出因时而动的调整。

（二）运用大数据提高风险评估的准确度

风险评估是企业内部控制的关键工作，及时识别、系统分析经营活动中相关的风险，合理确定风险应对策略，对于确保企业发展战略的实现有着重要的意义。来自企业内部管理、业务运营、外部环境等方面的大数据，对于提高风险评估的准确度，会有明显的帮助。一些银行已经用大数据更加准确地度量客户的信用状况，为授信与放贷服务提供支持；又如，一些保险公司也在尝试将大数据用于精算，以得出更加准确的保险费率。以此为启发，企业可将大数据广泛运用到内部风险与外部风险评估的各个环节。如在内部风险评估上，可利用大数据对董事、监事以及其他高管管理人员的偏好能力等主观性因素进行更加到位的把握，从而避免管理失当的风险，也可将大数据用于对研发风险的准确评估。在外部风险识别上，大数据对于识别政策走向、产业动向、客户行为等风险因素也会有很好的帮助。例如，招商银行是中国第六大商业银行，而 Teradata 是一家处于全球领先地位的企业级数据仓库解决方案提供商，在中国有数百家合作伙伴。Teradata 公司针对招商银行庞大客户群的海量数据，为其提供了智能数据分析技术服务，用于升级数据仓库管理系统。除此以外，Teradata 还监控并记录客户在 ATM 机上的操作，通过这种方法了解并分析客户的行为，能够有效预防借助 ATM 机实施的违法行为。

（三）运用大数据增强控制活动

1.大数据为控制活动的智能化提供了可能

内部控制活动包括不相容职务分离控制、授权审批控制、会计系统控制、财产保护控制、预算控制、运营分析控制和绩效考评控制等。大数据可以通过多种途径增强控制活动的效果。基于各种管理软件和现代信息技术的自动化企业管理，在企业管理中早有应用。在大数据时代，海量、种类繁多、实时性强的数据进一步为智能化企业管理提供了可能。谷歌、微软、百度等都在以大数据为基础，开发其人工智能。有研究指出，机器人当老板，员工会更听话。机器人并非万能的，但在智能化的企业内控模式下，控制活动的人为失误将得到明显的降低，内控的成效也会得到很好的提升。随着大数据在集团战略地位的日益提高，阿里巴巴集团旗下的淘宝平台开始推出多种商业大数据业务。基于阿里信用贷款采集到的海量用户数据，阿里金融数据团队设计了用户评价体系模型，该模型整合了成交数额、用户信用记录等结构化数据和用户评论等非结构化数据，加上从外部搜集的银行信贷、用电量等数据，根据该评价体系，阿里金融可得出放贷与否和具体的放贷额度的精准决策，其贷款不良率仅为0.78%。阿里通过掌握的企业交易数据，借助大数据技术自动分析判定是否给予企业贷款，全程没有人工干预。

2. 大数据提高了控制活动的灵活性

财务战略管理制定实施中，必须对所有的因素和管理对象进行全面的考虑，细致到企业采购、合同签订、物资验收、资源保管、资金使用、报销、报废等多方面，只有全面考虑才能使企业财务战略管理职能得到最大限度的发挥，才能将风险降到最低。风险是企业日常运营及生产中的最大隐患，重大的财务风险直接影响着企业的生存。全面考虑能够强化财务战略管理的风险控制功能，使企业处于良性运作中。控制活动目的是降低风险，最终为企业发展服务，因此关于内控活动的各项制度、大数据与企业内部控制机制与措施需要避免管理教条主义的陷阱。在控制活动全方位数据化的条件下，企业可根据对控制措施、控制技术、控制效果等各类别大数据的适时分析、实验，及时地发现问题并进行完善，从而提高管理成效。沃尔玛、家乐福、麦当劳等知名企业的一些主要门店均安装了搜集运营数据的装置，用于跟踪客户互动、店内客流和预订情况，研究人员可以根据菜单变化、餐厅设计以及顾客意见等对物流和销售额的影响进行建模。这些企业可以将数据与交易记录结合，并利用大数据工具展开分析，从而在销售哪些商品、如何摆放货品，以及何时调整售价方面给出意见，此类方法已经帮助企业减少了17%的存货，同时增加了高利润自有品牌商品的比例。

3. 大数据分析本身即可作为一种重要的控制活动

大数据可以提高企业运营与管理各方面的数据透明度，使控制主体能够提高对企业各种风险与问题的识别能力，进而提高内控成效。目前，商业银行已开始逐步利用数据挖掘等相关技术进行客户价值挖掘、风险评估等方面的尝试应用。尤其是在零售电子商务业务方面，由于存在着海量数据以及客户网络行为表现信息，因此可以利用相关技术进行深度分析。通过分析所有电子商务客户的网银应用记录及交易平台的具体表现，可以将客户分为消费交易型、资金需求型以及投资进取型客户，并能够根据不同分组客户的具体表现特征，为以后的精准化产品研发、定向营销，以及动态风险监控关键指标等工作提供依据。虽然商业银行在零售业务领域存储了大量数据，但是由于以往存储介质多样化、存储特征不规范等原因，数据缺失较为严重，整合存在较大难度，造成部分具有较高价值的变量无法利用。同时，大数据时代的数据包含了方方面面的属性信息，可以理解为"信息即数据"。因此，商业银行除了要积累各种传统意义上的经营交易数据外，还要重视其他类型的非结构化数据积累，如网点交易记录、电子渠道交易记录、网页浏览记录、外部数据等，都应得到有效的采集、积累和应用，打造商业银行大数据技术应用的核心竞争力。

（四）大数据变革了信息传递与沟通方式

信息与沟通是企业进行内部控制的生命线，如关于企业战略与目标的信息、关于风险评估与判断的信息、关于控制活动中的反馈信息等。没有这些信息的传递与沟通，预测、控制与监督的内控循环就无法形成。企业运营中的信息与沟通,经历了从纸面报告、报表、图片等资料到计算机时代信息化平台的变迁。这一过程中,企业信息的数量、传递与分析技术得到了重大的提升。当前大数据时代,企业在信息与沟通上又迎来了一个革命性的变化。

企业把云计算应用于会计信息系统,可助推企业信息化建设,减少企业整体投入,从而降低企业会计信息化的门槛和风险。用户将各种数据通过网络保存在云存储平台上,利用计算资源能更方便快捷地进行财务应用部署,动态地调整企业会计软件资源,满足企业远程报账、报告、审计和纳税功能的需要。

云计算在具体使用中还要解决会计数据隐私保护及信息安全性问题,克服用户传统观念和使用习惯,打破网络带宽传输速度的"瓶颈",避免频繁的数据存取和海量的数据交换造成的数据延时和网络拥塞。为更好地配套支持企业会计准则的执行,满足信息使用者尝试分析的需求,会计司推进了可扩展商业报告语言(XBRL)的分类标准建设,使计算机能够自动识别、处理会计信息。

随着《企业内部控制基本规范》的发布,企业在实施信息化过程中,要考虑如何将各种控制过程嵌入业务流和信息流。为了确保和审查内部控制制度的有效执行,必须加强信息化内控的审计点设置,开展对会计信息系统及其内控制度的审计,将企业管理系统和业务执行系统融为一体,对业务处理和信息处理进行集成,使会计信息系统由部门级系统升格为企业级系统,以最终达到安全、可靠、有效的应用。会计信息化除了需要建立健全的信息控制系统,保证信息系统的控制及有效执行外,还要通过审计活动审查与评价信息系统的内部控制建设及其执行情况,通过审计活动来发现信息系统本身及其控制环节的不足,以便及时改进与完善。

对于企业来说,来自OA、ERP、物联网等内部信息化平台的大数据,来自传统互联网、移动互联网、外部物联网等的大数据,将使企业置身于一个不断膨胀的数据海洋。对于企业来说,大数据的革命可以为企业带来智能化的内部控制,也可以让管理者准确把握每一位员工的情感。大数据使企业内控进入一个全新的境界。对于很多金融服务机构来说,爆炸式增长的客户数据是一个亟待开发的资源。数据中所蕴藏的无限信息若以先进的分析技术加以利用,将转化为极具价值的洞察力,能够帮助金融企业执行实时风险管理,成为金融企业的强大保护盾,保证金融企业的正常运营。

与此同时,大数据也推动着商业智能的发展,使之进入消费智能时代。金融企业风险管理能力的重要性日渐彰显。抵押公司、零售银行、投资银行、保险公司、对冲基金和其他机构对风险管理系统和实践的改进迫在眉睫。要提高风险管理实践,行业监管机构和金融企业管理人员需要了解最为微小的交易中涵盖的实时综合风险信息;投资银行需要知道每次衍生产品交易对总体风险的影响;零售银行需要对信用卡、贷款、抵押等产品的客户级风险进行综合评估。这些微小信息会引发较大的数据量。金融企业可以利

用大数据分析平台,实现以下分析,从而进行风险管理:

(1)自下而上的风险分析,分析 ACH 交易、信贷支付交易,以获取反映压力、违约或积极发展机会。

(2)业务联系和欺诈分析,为业务交易引入信用卡和借记卡数据,以辨别欺诈交易。

(3)跨账户参考分析,分析 ACH 交易的文本材料(工资存款、资产购买),以发现更多营销机会。

(4)事件式营销,将改变生活的事件(换工作、改变婚姻状况、置房等)视为营销机会。

(5)交易对手网络风险分析,了解证券和交易对手之间的风险概况和联系。

(五)大数据为企业内部监督提供了有力支撑

大数据时代,人们仅仅关注数据规模,而忽视了数据之间的联系。在复式记账法下,每一笔凭证都有借贷双方,这就使会计科目、会计账户、会计报表之间有着密切的钩稽关系。会计电算化的出现避免了手工记账借贷双方不平的风险,但在会计科目的使用规范、会计报表数据的质量校验等方面难有作为。对于中小企业来说,对会计报表的数据错误进行事后更正比较容易,但对于存在大量财务报表合并的集团企业,会计核算不规范将给财务人员带来较大的困扰。在大数据时代下,企业的核算规范和报表之间的钩稽关系将作为财务数据的校验规则纳入财务系统,对企业会计核算规范的执行和报表数据质量进行实时控制,这样就能实现企业月结报表合并的顺利执行,真正实现敏捷财务。

当前国外 SAP 公司的企业财务报表合并系统 BCS 已经能够对企业财务报表的钩稽关系进行强制检查,对于不能通过检查的报表,合并将无法继续。下属单位财务人员需要不断地去调整自己的凭证,以满足上报标准,完成月结,经过这样不断地磨合调整,集团整体的核算规范才能得到落实。但这样的方法仍然是一种事后控制,需要耗费大量的人力、精力,且公司人事变动对月结速度影响极大,如果将风险控制在做账环节则更有益于财务管理的提升。在上文提到的原始凭证"数据化"实现之后,我们可以通过对企业原始凭证种类的梳理,按照不同的业务内容对"数据化"原始凭证进行标记,财务系统对原始凭证进行识别后,会限制此类原始凭证可以使用的会计科目,从而进一步降低风险。

对企业内部控制环境、风险评估、控制活动、信息与沟通等组成要素进行监督,建立企业内控有效性或效果的评价机制,对于完善内部控制有着重要的意义。在这种内控的监督过程中,大数据至少可以提供两方面的帮助:其一,大数据有助于适时的内控监督。大数据的显著特点之一是其数据流、非结构化数据的适时性,在大数据技术下,企业可以适时采集来自内部信息化平台、互联网、物联网等渠道的大量数据信息,以此为基础,对内部控制效果的适时评价就成为可能,定期报告式监督的时效缺陷就可以得到弥补。其二,大数据还有助于全面的内控监督。大数据的另一个显著特点是总体数据的可得性与可分析性，传统审计中所进行的抽样评估的缺陷，在大数据下可以得到避免。基于这种技术的内部控制评价，将更为客观、全面。

（六）大数据提升了企业对财务风险的预警能力

财务预警是以企业的财务会计信息为基础，通过设置并观察一些敏感性财务指标的变化，而对企业可能面临的财务危机实现预测预报或实时监控的财务系统。它不是企业财务管理中的一个孤立系统，而是风险控制的一种形式，与整个企业的命运息息相关，其基本功能包括监测功能、诊断功能、控制功能和预防功能。

目前，财务危机风险预警是一个世界性的问题和难题。从 20 世纪 30 年代开始，比较有影响的财务预警方法已经有十几种，但这些方法在经济危机中能够真正预测企业财务风险的却很少。究其原因，大多数模型中，财务指标是主要的预测依据。但财务指标往往只是财务发生危机的一种表现形式，还有滞后反应性、不完全性和主观性。更为严重的是基于财务指标的预警模型建立过程中，学者们往往都假设财务数据是真实可靠的，但这种假设忽略了财务预警活动的社会学规律，为财务预警模型与现实应用的脱节埋下了伏笔。许多学者建立了结合非财务指标的模型，但所加入的能够起到作用的非财务指标都是依靠试错方法引入的，即都是在危机发生之后，才能够使指标得以确认以及引入模型，下一次经济危机的类型不同，之前建立的财务预警模型便无法预测甚至可能发生误导。因此，靠试错引入的非财务指标具有一定的片面性，忽视了这些指标间的相互作用和相互关系，无法顾及这些指标是否对所有企业具有普遍适用性。

大数据信息比以往通过公司公告、调查、谈话等方式获得的信息更为客观和全面，而且这些信息中可以囊括企业在社会网络中的嵌入性影响。在社会环境中，企业存在的基础在于相关者的认可，这些相关者包括顾客、投资者、供应链伙伴、政府等。考虑到企业的经营行为，或者企业关联方的动作都会使企业的相关者产生反应，进而影响到网络上的相关信息。因此，我们可以把所有网民看作企业分布在网络上的"传感器"，这些"传感器"有的反映企业的内部运作状态，有的反映企业所处的整体市场环境，有的反映企业相关方的运行状态等。大数据企业财务预警系统不排斥财务报告上的传统指标，相反，传统的财务指标应该属于大数据的一部分。

互联网上网民对企业的相关行为，包含了线下的人们和企业的接触而产生对企业的反应，这些反应由于人们在社会网络中角色的不同，涵盖了诸如顾客对产品的满意度、投资方的态度、政策导向等各种可能的情况。起到企业"传感器"作用的网民，在线下和企业有着各种各样的角色关系。这些角色和企业的相互作用会产生不同的反应，从而刺激这些角色对企业产生不同的情绪。群体的情绪通过映射到互联网，才使这些信息能够被保存下来并被我们获取，这些不同的情绪经过网络上交互过程中的聚集、排斥和融合作用，最后会产生集体智慧，这些群体智慧能反映企业的某种状态。

在实证研究过程中，相关学者利用聚焦网络爬虫，收集了从 2009 年 1 月 1 日到 2013 年 12 月 31 日 60 家企业的所有相关全网网络数据，包括新闻、博客、论坛等信息，经过在线过滤删除，最终获得有效信息共 7000 万余条。来自网络的上市公司相关大数据主要是非结构化的文本信息，而且包含大量重复信息。为了验证大数据反映的相关情绪能够有效提高财务风险预警模型的性能，首先要把这些信息进行数值化处理，过滤掉大量无效数据，并且进行基于财经领域词典的文本情绪倾向计算。同时对相关上市公司的有效信息进行频次统计，以便验证大数据有效信息频次对财务风险预警模型的影响。通过与财务指标的结合，对研究假设进行实际数据验证，发现引入大数据指标的财务预警模型，相对财务指标预警模型，在短期内对预测效果有一定提高，从长期来看，对预测效果有明显提高。大数据指标在误警率和漏警率上比财务指标表现明显要好，从而验证了在复杂社会环境中，依靠大数据技术加强信息搜寻是提高财务预警有效性的重要路径这一观点。

三、商业银行运用大数据评价电子商务风险的案例

互联网、移动通信技术的逐步应用，对人们的生活、生产方式带来了强烈的冲击。电子商务、移动互联网、物联网等信息技术和商业模式的兴起，使社会数据量呈现爆炸式增长。因此，采用大数据技术，可以有效解决信息不对称等问题，合理提高交易效率，降低交易成本，并从金融交易形式和金融体系结构两个层面改造金融业，对风险管控、精细化管理、服务创新等方面具有重要意义。与 21 世纪初互联网刚刚起步时仅将网上银行作为渠道经营不同，当前的互联网金融具有尊重客户体验、强调交互式营销、主张平台开放等新特点，且在运作模式上更强调互联网技术与金融核心业务的深度整合，风险管理技术与客户价值挖掘技术等进一步融合。而且，随着大数据分析思维的引入以及技术的逐步推广，通过个人客户网络行为产生的各种活动数据，可以较好地把握客户的行为习惯以及风险偏好等特征。因此，为了在大数据浪潮中把握趋势，可采用相关技术深入挖掘相关数据，通过对客户消费行为模式以及事件关联性的分析，更加精确地掌握客户群体的行为模式，并据此进行零售电子商务风险评分模型设计，使其与客户之间的关系实现开放、交互和无缝接触，满足商业银行风险管理工作的精细化要求和标准，并为打造核心竞争力提供决策依据。

（一）电子商务风险评分模型的开发过程

电子商务风险评分模型的开发过程具体如下：

1. 进行相关业务数据分析和评估

此阶段是对内部电子商务企业数据和环境进行深入研究和分析，对业务数据进行汇

总检查，了解数据是否符合项目要求，并评估数据质量。

2.基于相关建模方法进行模型设计

此阶段主要定义电子商务客户申请评分卡的目标和开发参数，如电子商务客户定义标准、排除标准，好／坏／不确定客户的定义，建模的观察窗口、表现窗口、抽样计划等。

3.建模数据准备

此阶段根据详细的数据分析结果以及开发所需的数据，为模型开发进行数据提取和准备，主要进行业务数据及关键变量的推导、合并，生成建模样本中的每个账户的预测变量、汇总变量以及好／坏／不确定／排除标志。

4.进行指标的细分分析

此阶段主要用来识别最优的群体细分，确定相关的建模备选变量，并在此基础上开发一系列的评分模型，使得整体评分模型体系的预测能力达到最大化。

5.模型的确定和文档撰写

模型的确定和文档撰写包括最终模型的开发和最终标准的模型文档。在确定了建模的基础方案及各指标参数后，将采用统计学汇总及业务讨论等方法，对进入模型的每个变量产生一份特征变量分析报告，以评价各变量的表现情况。在此基础上，总结归纳变量的表现，并采用一定的方法，将账户的风险与评分结果建立起函数关系，构建体系性的评分卡模型。

6.进行模型的验证

此阶段分为建模样本内验证和样本外验证。样本外验证又分为建模时点验证和最新时点验证两部分。验证的工作主要是进行评分卡工具在模型的区分能力、排序能力和稳定性方面的建议工作。

（二）构建特征变量库并进行模型框架设计

此阶段的主要工作如下：

第一，创建申请及企业信息数据集（备选变量库）。根据相关业务特征及风险管理的实践，大致可以从个人特征类变量、网络行为类变量、交易行为类变量、合同类变量、征信类变量等方面进行相关备选变量的构建和组合。

第二，利用决策树模型，进行客户群组细分。通过上述备选特征变量，利用决策树模型，最终将客户划分为投资进取型、个人消费交易型和小微企业资金需求型客户。其中，投资进取型主要为理财类、贵金属外汇等产品交易类客户，其更多的是利用电子商务平台和网络银行渠道进行投资活动，而对信贷资金的需求较小。个人消费交易型主要为信用卡消费、网上商城消费的个人消费者和汽车贷款、消费分期等个人消费类贷款网上申请客户。小微企业资金需求型主要为B2B和B2C类的小微企业客户。

第三，进行各客户群组特征变量的分析和筛选。通过对各客户群组特征变量的分析可以看出，不同的客户群体，其高度相关的特征变量具有较大的差异性。例如，对于投资进取型客户，其登录网银账号后的点击栏目与个人消费型客户具有明显的差异，且信用卡利用频率和额度使用率也存在较大差异。因此，可以通过此类方法，寻找出最具有客户特征的变量组。

第四，进行模型框架设计。通过对上述客户群体特征的归纳和总结，同时考虑相关数据的充分性和完整性，目前可针对个人消费交易型以及 B2B 和 B2C 类的小微企业客户等风险评分模型进行构建。

（三）实证研究结果

以 B2C 类个人消费交易型客户风险评分卡模型为例，以某商业银行电子商务业务发展规模较大的分行，基于 2009 年至 2012 年 12 月末的业务数据构建电子商务零售客户评分卡模型。同时，为合理扩大相关业务数据分析范围，涵盖了与电子商务相关的信用卡业务、小微企业业务、个人消费贷款等线下产品的相关数据。实证结果表明，采用大数据挖掘构建的零售电子商务风险评分卡模型，不仅可以提高业务办理的效率，还可以全面衡量电子商务客户的相关风险。经过对单笔债项的测试，采用电子商务风险评分卡可以在几秒钟内进行风险识别和评判。

第六章　大数据时代企业战略管理的转型与对策研究

第一节　企业战略管理理论综述

一、企业战略管理综述

（一）企业战略管理的性质

企业战略管理是整合性管理理论，是企业最高层次的管理理论。它不是从企业局部的角度来讨论管理问题，与职能管理有着本质的区别。因为在实际的管理活动中企业是不能分割的，它是由具有执行不同功能的部分组成的一个统一体，在社会进步和经济发展中作为一个整体发挥着作用。如何将企业的各个职能部门协调一致、有机地结合起来运作，就需要企业战略管理理论发挥作用。企业战略管理理论从企业整体的、全局的角度出发，综合运用职能管理理论，处理涉及企业整体的和全面的管理问题，使企业的管理工作达到整体最优的水平。

企业战略管理是企业高层管理人员最重要的活动和技能。低层管理者所需要的主要是技术能力和人际能力；中层管理者的有效性主要依赖于人际管理能力和思维能力；而高层管理者最需要的是思维能力或战略能力，这是保证他们工作有效性的最重要的因素。因此对于企业高层管理者来说，最重要的活动是制定战略和推进战略管理，以保证企业整体的有效性。

企业战略管理的目的是提高企业对外部环境的适应性，使企业做到可持续发展。企业组织是社会这个大系统中的一个不可分割的和具有开放性的组成部分，它的存在和发展在很大程度上受其外部环境因素的影响。这些因素或影响力包括企业内部和外部两大因素，间接地对企业起着作用。企业的外部环境既复杂多样，又动荡多变，时刻发生着变化。如何在这种复杂多变的外部环境中生存并持续地发展下去，是战略管理的任务和目的。战略管理促使企业高层管理人员在制定、实施企业战略的各个阶段，都要清楚地了解有哪些外部因素影响企业，影响的方向、性质和程度如何，以便制定新的战略或及时调整企业现行的战略以适应外部环境的变化，做到以变应变，不断提高企业的适应能力。

企业战略管理不仅涉及战略的制定和规划，也包含着将制定出的战略付诸实施的管理，因此是一个全过程的管理；此外，战略管理不是静态的、一次性的，而是一种循环的、往复性的动态管理过程。它需要根据外部环境的变化、企业内部条件的改变，以及战略执行结果的反馈信息等，而重复进行新一轮战略管理的过程。

（二）企业战略管理的定义

企业确定其使命，根据组织外部环境和内部条件设定企业的战略目标，为保证目标的正确落实和实现进行谋划，并依靠企业内部能力将这种谋划和决策付诸实施，以及在实施过程中进行控制的一个动态管理过程。

（三）企业战略管理的层次

总的说来，一个企业的战略可划分为三个战略层次，即公司战略、经营（事业部）战略和职能战略。

1. 公司战略

这是企业总体的、最高层次的战略。公司战略的侧重点有两个方面：一是从公司全局出发，根据外部环境的变化及企业的内部条件，选择企业所从事的经营范围和领域；二是在确定所从事的业务后，要在各事业部门之间进行资源分配，以实现公司整体的战略意图。这也是公司战略实施的关键内容。

2. 经营（事业部）战略

经营（事业部）战略有时也称为竞争战略，它处于战略结构中的第二层次。这种战略所涉及的决策问题是在选定的业务范围内或在选定的市场—产品区域内，事业部门应在什么样的基础上来进行竞争，以取得超过竞争对手的竞争优势。为此，事业部门的管理者需要努力鉴别最有营利性和最有发展前途的市场，发挥其竞争优势。

3. 职能战略

它是在职能部门中，如生产、市场营销、财会、研究与开发、人事等，由职能管理人员制定的短期目标和规划，其目的是实现公司和事业部门的战略计划。职能战略通常包括市场策略、生产策略、研究与开发策略、财务策略、人事资源策略等内容。如果说公司战略和事业部战略强调"做正确的事情"（Do The Right Thing）的话，则职能战略强调"将事情做好"（Do The Thing Right）。它直接处理这些问题，如生产及市场营销系统的效率、顾客服务的质量及程度、如何提高特定产品或服务的市场占有率等。

公司战略、经营战略以及职能战略构成了一个企业的战略层次，它们之间相互作用、紧密联系。如果企业整体要想获得成功，必须将三者有机地结合起来。

（四）企业战略管理的过程

第一，战略分析。战略分析是整个战略管理的起点，对企业制定何种战略具有至关重要的作用。它主要包括企业外部环境的分析以及企业环境的分析。外部环境的分析着眼于企业所处的宏观环境、行业环境和经营环境；内部环境的分析着眼于企业资源、能力和市场竞争力。

第二，战略制定。企业可以从对企业整体目标的实现、对中下层管理人员积极性的发挥以及企业各部门战略方案的协调等多个角度考虑，制定适合企业自身发展的战略。

第三，战略实施。企业根据自身的特点，以及所处的环境，选择适合自己的战略。企业构建良好的组织结构，完善企业采购系统、生产或运营系统、研究与开发系统以及人力资源系统。另外，最重要的是需要管理层很好地发挥作用，使企业各部门之间有着良好的沟通，企业战略能够成为企业各级人员的共同目标，发挥团队优势，实现企业战略的良好实施。管理层还应对战略的实施效果采用合理的方法进行评估，并实时地对战略进行完善，采取适当的奖罚措施，促进战略在各部门之间良好的实施。

（五）企业战略管理的作用

企业战略管理作为当代企业管理最重要的特征，其思想方法已得到广泛运用。在竞争越是激烈的行业，运用战略管理的企业就越多；企业规模越大，也越重视战略管理。当企业处于外部环境急速变动和面临重大转折之际，企业就非常有可能从战略角度来重组企业；在企业的经营过程中，战略管理发挥着极其重要的作用。

第一，战略管理可以促使企业管理阶层不断检查与评估目前战略的价值与合理性。当原有战略的合理性基础遭到损害或改变时，企业可以及时调整或重新制定战略以适应环境，使企业继续得以发展。

第二，战略管理可以促使企业将内部资源条件与外部环境因素结合起来考虑，对影响企业经营的种种重要影响因素的变化能有高度的警惕性。

第三，战略管理可以促使企业时刻关注企业的未来，不断审视当前决策对企业未来运作所产生的影响，使企业的长期利益得到保证。

第四，战略管理可以促使企业努力寻求业务发展最具潜力的领域，不断通过多种方案的比较来做出最具价值的选择。

第五，战略管理可以促使企业倾向于资源的合理配置，通过资源结构的优化使资源效能得以最大限度利用和发挥，并在必要时引进新的资源，推进企业整体规模的扩大和效益的提高。

第六，战略管理可以促使企业改进决策方法，优化组织结构，把日常管理建立在系统与有序的基础上，增强企业的协调沟通与控制职能，不断提高管理的效率和水平。

第七，战略管理可以促使企业增强凝聚力。通过让员工参与战略酝酿、决策和实施过程，减少改革的阻力，最大限度地激发员工的工作热情和潜能，从而确保战略目标的最终实现。

二、企业战略管理理论的演变与新趋势

企业战略管理理论研究的发展经历了一个层层深化的过程，存在奠基、鼎盛、反思、重振等几个清晰的、已经得到普遍认可的研究阶段，这些阶段共同构成了战略管理理论丰富多彩的研究领域。20 世纪 90 年代以后，不少通过多元化经营形成的大产业开始出现问题，多元化的热潮也开始消退。随着全球经济一体化进程的加速，企业经营环境的不确定性日益增大，产业边界日益模糊，产业结构的稳定性日益下降，企业的竞争优势越来越难以持续。大数据时代的到来更是将这一形势推向更激烈的局面。在急剧变化的环境中，许多战略管理学家在思考企业如何赢得长久的竞争优势，促进了战略管理理论的新发展。

（一）企业战略管理理论的演变历程

企业战略管理理论的研究始于 20 世纪 50 年代中期，中间经历了繁荣、衰落和重振的阶段，逐渐成为企业管理学重要的研究方向。20 世纪初，企业管理的重点是偏差控制与复杂管理，管理的形式是预算控制；50 年代，管理的重点是预测与复杂性管理，管理的形式是长期计划；60 年代，管理的重点是战略推进与能力变革，管理的形式是战略计划；70 年代中期起，管理的重点转向战略的突变与适时反应，管理的形式也转向了战略管理。

西方学者对于战略管理的研究始于 20 世纪 50 年代中期，代表作是美国彼得·德鲁克的《管理的实践》。该书在战术性决策和战略性决策之间做了区分，书中将战略性的决策定义为"为企业目标及其实现方法所进行的所有的决策"。

20 世纪 60 年代，由于企业面临的经营环境比较简单，竞争不激烈，经济处于自然增长阶段，企业的经营活动主要集中在提高生产效率，不重视企业发展的战略性问题。但一些管理学专家已经开始了企业战略管理的研究。其研究主要集中在三个方面：认为战略、环境、组织之间必须相互适应才能促进企业的发展，即研究战略与环境的关系；将战略内容区分为制定与实施两大部分，并提出 SWOT 分析法，认为战略应自上而下由高层领导构思设计推行，即战略研究的设计制定过程；把战略区分为公司级战略和经营级战略，即研究战略的实施过程。

70 年代，企业经营环境剧烈动荡，对企业的长期目标的管理成为重点，形成了战略

管理的热潮。此时的著作所关注的主要问题是公司所处的行业环境。与 80 年代的著作相比，它们更多地假设企业处在竞争性的环境中，并以此为基础来考虑企业战略。但 70 年代的战略热潮中，企业尚未准确领会战略的深刻内涵，片面地注重财务方面的战略改进，而不是从环境与企业的相互作用中去发掘新的战略机会。由于缺少远见卓识的气魄和运筹全局的能力，一些企业错失了许多有利的商业机遇。这个时代的企业战略管理的研究视野更加开阔，方法更加多样，致力于企业战略管理研究的学者与日俱增。这时的企业不仅仅重视计划制订，而且注重对计划制订、实施和控制整个过程的管理。

进入 80 年代，美国管理界掀起了"管理软化"的热潮，企业纷纷重视起企业文化、管理作风等软性因素的作用，而把战略、制度、组织等硬性因素的重要性抛在一边。以美国为中心的西方管理理论异常活跃，涌现了"经验学派""社会学派""系统学派""经理角色学派"等诸多学派，这一时期战略管理研究者在行业竞争状况和企业竞争分析方面获得了许多突出的成就并对公司战略的执行问题有新的看法。

进入 90 年代，随着企业的规模日益壮大，管理层次越来越多、管理幅度越来越大，使大企业管理的有效性和效率问题变得非常重要。企业能否灵活有效地综合利用内部资源以适应外部环境的变化，成为企业成败的关键因素。该时期的主要著作涵盖了对灵活性、全球联盟与全球网络、技术、技能和学习的研究。耐尔森与温特的《经济变革的进化理论》和派尔与赛伯的《第二次工业划分》最先提出了这些观点。该时期企业战略研究的重点是如何应变以及如何在复杂多变的环境中制定和实施企业经营战略，从而使企业在险恶的环境中不迷失方向并健康发展。特别是在出现战略脱节的情况下，战略思维和战略管理就显得尤为重要。

（二）现代战略管理的特点和发展趋势

1. 制定企业战略的竞争空间在扩展

企业必须从全球的角度、从跨行业的角度、从无边界的范围内来考虑配置自身的资源，以获得最佳的管理整合效果。

2. 企业战略具有高度的弹性

企业战略弹性是基于企业自身的知识系统对不断变化的不确定情况的应变能力，员工的知识结构及其组合的方式和机制是战略弹性的核心部分。因其具有难以模仿性，战略弹性一旦建立，就确立了企业的战略优势。

3. 不过多考虑战略目标是否与企业所拥有的资源相匹配

企业不能简单地平均分配资源，而是要创造性地通过各种途径来整合资源，通过与知识的组合来克服资源的限制，从而为顾客多创造价值。

4. 由企业或企业联盟组成的商业生态系统成为参与竞争的主要形式

未来的竞争是不同商业群落之间的竞争。对于一个单独的企业个体来讲，竞争更体现在加入或营造有影响力的、能为自己带来实际价值的企业生态系统，在竞争与合作的和谐环境中，寻求一个更为有利的地位。

5. 制定战略的主题趋于多元化

信息传播方式的网络化决定了每一个个体在整个网络系统中都是信息传播的一个节点，高层主管不再居于信息传播的中心，普通员工可以有更多的机会参与企业的战略制定，他们具有既是决策参与者又是决策执行者双重身份的特征。

6. 战略的制定从基于产品或服务的竞争，演变为在此基础上的标准与规则的竞争

企业会有意识地制造变革、与行业中具有重要影响的对手或企业联盟共同合作创造和制定指导行业的技术标准或者是竞争规则。

7，战略理论研究的视角趋于多元化

由于战略管理中的复杂性，使得人们从不同学科、不同视角去研究战略管理理论。但从研究方法的角度来看，系统思考是应对复杂性和变化的最有效的手段。

（三）国内企业战略管理创新理论

随着市场环境变化节奏的日益加快、市场竞争的不断加剧，企业在进行战略管理时已经不能只从企业自身角度出发，把企业作为一个独立的存在来思考和做决策，企业也不能只追求适应环境，更要创造环境，抓住未来。战略管理也在朝这个方向发展，这些最新发展的战略理论包括边缘竞争战略理论、和谐战略管理理论、战略生态理论、柔性战略理论等。

1. 边缘竞争战略理论

布朗（L.Brown）与艾森哈特（Eisenhardt）于 1998 年合作出版了《边缘竞争》一书，提出边缘竞争战略的理论观点。该理论的前提条件是：

企业所处的环境是高速变化的，变化是不可预测的，组织变化的能力是公司绩效的关键因素。这时企业受到的战略挑战是对变革做出必要的反应，在任何情况下，都要尽可能地预测变革，并在合适的时机促进和领导变革。边缘竞争方法将综合战略方法的两个方面的内容，并不断地寻找新的战略目标以及实现战略目标的方法。

使这种战略充分显示出业绩的关键动力就是应变能力。衡量成功的标志是生存的能力和应变能力，而最终将是随着时间的推移不断地改造企业的能力。该战略的核心在于利用变革的动态本质构建一系列的竞争优势，力图捕捉无序平衡的边缘状态，使得企业在无序和有序之间保持微妙的平衡状态。

2. 和谐战略管理理论

和谐战略管理理论紧密依赖于环境，围绕和谐主题解决上述战略难题，其中主要是指特定时间里，环境与战略的互动过程中所产生的妨碍企业目标实现的问题。和谐机制由"和则"及"谐则"共同构成。"和则"用来应对人的永恒不确定性，"谐则"的着

眼点在于确定性中的效率问题。当环境趋于稳定时，即不确定性较低时，"和则"的作用相对减弱，在战略形成与实施中，主要依靠"谐则"发挥作用。当环境趋于复杂多变时，又无法在事前预设、预测出所有的因素，则需要通过"和则"的作用来削减不确定性。虽然不确定性不可能完全削减，但是可以通过及时的调整来适应不确定性。因此，通过"和则"与"谐则"的交互作用进行协调，以及时应变从而使不确定性相对降低。和谐战略是传统战略的扬弃，保证了战略的相对稳定性。

　　3. 战略生态理论

　　战略问题的生态实质及特性从生态学的角度来看，企业竞争环境也是一种生态系统，它具有一般自然生态系统基本的特征，即企业与战略竞争环境的相互作用。企业生活在这个战略生态系统中，就像生物生活在自然环境中一样，企业与生物都有生命周期，企业就是一个生命体，企业生命周期的长短依赖于其自身对战略环境的适应能力和协同进化能力。只有当企业通过自身变异或进化能适应战略生态环境的进化规律时，企业才能生存。因此，可以说企业生存与发展的过程就是企业与战略生态环境协同进化的过程，即企业的使命就是谋求与战略生态的和谐共生关系。通过全面考察战略生态系统的组成与结构、战略生态环境、自组织机制、核心竞争力及其扩张性、生态系统的竞争与合作、生态系统的评价与诊断等方面，为企业提供适应新现实环境的新的战略逻辑和战略视角。生态学为企业战略理论发展提供了新视角、新思路、新方法、新的更为开阔的视野。战略生态研究有助于企业经营管理者摆脱战略"近视"，以生态思维指导企业的战略竞争行为，使企业从有限的焦点到广阔的视野，促进企业与战略生态系统之间生态共同体的构建与协同进化，对发展企业战略管理与竞争手段具有重要价值。

　　4. 柔性战略理论

　　任何环境的变化都对参与竞争的企业提供着机会和威胁，而且往往这些变化更多地来自竞争企业本身。如何研究环境变化的混沌性和不可预见性、事物发展的非线性，研究利用自身的能力和资源来主动利用变化，甚至制造变化来控制未来，增强战略的"预见力"和应变能力，从而建立竞争优势是新一代战略研究的问题。汪应洛等人根据竞争环境的变化在国内最早对柔性战略的理论进行了系统研究，他们针对国内外研究者对战略柔性的提法只是更多考虑适应性的特点，强调不仅要适应环境变化，而且要主动利用变化和制造变化来增强自身的竞争实力。他们提出所谓柔性战略，是指企业为更有效地实现企业目标，在动态的环境下，主动适应变化，利用变化和制造变化以提高自身竞争能力而制订的一组可选择的行动规则及相应方案，并从竞争的要素角度提出柔性战略包括资源柔性、能力柔性、组织柔性、生产柔性和文化柔性。在此基础上，演绎出动态能力的形成机理与企业柔性战略的框架结构，归纳出基于动态能力观的企业柔性战略模型，并进一步讨论了动态能力与柔性战略相互作用的过程。

　　认识战略管理的地位和作用，重视企业的战略管理，有助于决策者从琐碎的日常事务中解脱出来。及时发现和解决那些有关企业生死存亡、前途命运的重大战略问题，有助于用战略眼光将企业经营活动的视野放在全方位的未来发展和广阔的市场竞争中，获得更大的发展。因此，战略管理理论的发展必将在强调战略管理对企业作用的基础上，强调其对企业发展的指导作用，只有这样，才能使企业在千变万化的市场和全球竞争环境中生存和发展，也才能真正起到理论源于实践并指导实践的重要作用。

第二节　大数据与企业战略思维

移动互联网和现代信息技术的快速发展，将人们的生产生活带入"大数据时代"。根据互联网数据中心（IDC）估计，到 2020 年全球数字信息量将增长 44 倍，2011—2012 年全球所创建的数据内容增长了 48%，目前全球 90% 的数据都是在近两年中生成的。"大数据"与"海量数据""大规模数据"的概念一脉相承，指的是"科学仪器、传感设备、互联网交易、电子邮件、音视频软件、网络点击流等多种数据源生成的大规模、多元化、复杂、长期的分布式数据集"。大数据在改变人们日常生活方式的同时，也显著地影响着企业的营销方式、管理模式、商业模式、竞争情报获取等多方面。有学者认为，大数据增强了企业决策的不确定性和不可预测性，传统的战略论逻辑遭遇严峻挑战。大数据的兴起与应用，本质上意味着"一场管理革命"，改变了传统上依赖于经验与直觉决策的行业与领域，将企业带入精准量化管理时代，使企业可以进行更可行的预测、更有效的决策。

大数据的发展对企业经营管理的各方面都产生了深刻影响。管理学界对大数据的影响已有敏锐的洞察，学者们开始重视并试图分析其对商务管理各方面潜在的影响。但梳理已有文献，笔者发现学者们对大数据影响的讨论与分析，主要聚焦于营销管理领域。如美国零售业巨头西尔斯公司通过群集（Cluster）收集来自不同品牌的数据，基于此进行深度分析，结果让公司的推销方案变得更快捷、更精准。学者对大数据的分析之所以聚焦于营销管理领域，与大数据主要产生于消费者的访问、交易与评价记录有关。国际商业机器有限公司（IBM）中国开发中心首席技术官（CTO）毛新生指出，大数据不再是商业活动的附属品，大数据对企业而言，如同石油一样重要，收集、整合、分析、利用、校准大数据，每一个环节都体现了全新的商业能力。企业高管应重视大数据的价值，将其视为一种竞争要素和战略资源。一些学者也认为，大数据对企业的战略管理发展有着重要的影响，具体表现在以下几个方面：

1. 大数据资产化成为企业战略思维拓展的关键

企业管理过程中有两种比较常用的战略决策思维方式，分别是我们比较熟悉的分析企业外部环境的波特五力竞争模型和分析企业内部环境的 SWOT 分析法。但不管我们使用哪一种方法，都要以资源的获取为前提。在互联网时代，这里所指的资源，不再是传统的物质资源（如生产原料、人员等），还包括大数据这种无形的资源。正是这种看不见摸不着的信息资源，构成了企业竞争强有力的砝码。

2. 大数据常态化成为企业经营环境重塑的动力

技术是企业经营环境的重要组成部分之一，信息技术前沿领域中大数据的应用对企业经营环境的重塑作用不可小觑。大数据的有效收集、整理、归纳以及分析应用决定着企业的行业分析、市场分析、决策制定甚至是发展战略的重大调整。如果企业抢占了这个技术前沿，就有可能为企业赶超强敌提供强有力支撑，重塑企业经营环境。

3. 大数据规范化成为企业战略决策优化的帮手

大数据时代的发展对企业战略决策的变革主要来源于两个方面：其一，从企业的战略决策主体来看，大数据促使企业战略决策主体趋于大众化。企业若想改进商品服务、提高核心竞争力、扩大市场占有率，必须将大众、一线员工和基层管理者纳入企业决策主体队伍中来，最大化地利用并结合数据，最终实现企业价值的最大化。其二，大数据使企业决策的依据趋向精准化。在大数据时代，对海量数据进行梳理、筛选、分类，提高信息的有效性和关联性，基于数据量化分析结果做出理性的决策，必须让"大数据"说话。

4. 大数据精准化成为决策效果实时评价的要点

在大数据时代的一个突出特征就是时效性高，企业不仅在决策时可以应用企业建立的大数据资源库去更加便捷地获取市场信息，而且可以通过先进的信息技术手段对信息进行实时监控，从而实现对决策效果的跟踪评价，随时根据现实情况进行战略调整，帮助企业紧随市场需求占领先机。

鉴于战略管理领域关于大数据的影响分析现状，本节重点探讨大数据对企业战略思维的影响以及大数据时代企业战略思维的特征，以期为企业在新的竞争环境下进行管理决策提供参考。

一、大数据对传统战略思维的影响

（一）对"以资源为本"战略思维的影响

Weraerfeh 在其 1984 年发表的经典文章 "*A Resource—based View of the Firm*" 中提出，企业的组织能力、资源和知识的积累，是企业获得并保持竞争优势的关键。此后，Barney 等学者进一步指出，企业是一系列资源的集合，企业所控制的有价值的、稀缺的、不可模仿的、不可替代的资源和能力，是企业获得持续竞争优势的关键。在此基础上，

Prahalad 和 Hamel 于 1990 年在 *Harvard Business Review* 上发表 "*The Core Competence of the Corporation*" 一文，认为企业提供产品或服务的特殊能力是基于其核心能力，它是企业可持续竞争优势的来源，不应将企业看作不同资源配置下的不同业务组合，而应将企业看作隐藏于业务组合背后的、更深层次的核心能力的组合。企业只有基于所拥有的资源而不断构建、培育和巩固其核心能力，才能获得可持续的竞争地位。基于核心能力的战略思维，实质上是以资源为本的战略思维模式的扩展和动态化，虽然存在差异，但是两者都强调竞争优势的内生性。在以资源为本的战略思维指导下，企业决策者们越加重视企业是否拥有不同于竞争者的独特资源，是否具有超越竞争对手的核心能力。

在大数据时代背景下，大数据无疑是现代企业重要的战略资源。如果企业基于现代信息技术，掌握各利益相关者特别是顾客的数据，将有助于其竞争优势的获取与维持。以"小米"为例，这个成立于 2010 年 4 月的移动互联网公司，秉承"为发烧而生"的经营理念，在 2014 年 10 月便成为仅次于三星公司和苹果公司的全球第三大智能手机制造商。在中国大陆市场，小米已经超过三星，成为智能手机领导者。小米公司的成功，在很大程度上可以归结于其"为发烧而生"的理念。该理念的内涵是小米公司基于"发烧友"（忠实顾客）设计手机，并以低价向他们出售手机。小米公司的创新体现在 MIUI 智能手机系统上，而该系统的先进性或优势，来源于广大的用户。截至 2014 年 7 月 1 日，小米手机已拥有 7000 万人的 MIUI 用户群。小米公司每周都会推出 MIUI 的新版本，进行渐进式系统升级，而系统升级的想法则来自"号召上百万人提意见"。

掌握庞大的顾客信息数据，通过创建网络社区等方式与顾客实时互动，收集顾客想法、意见并给予及时回应（每周发布一个新版本的 MIUI 系统），不断地满足顾客的不同需求，是小米公司高速成长的主要因素。可见，拥有和利用大数据，能够让现代企业获得竞争优势并快速成长。获取大数据和利用大数据创造价值，成为新经济环境下"以资源为本"战略思维需要升级的内容。

一些传统企业缺乏获取并利用大数据的战略思维，导致在新的竞争环境中失去了原有的竞争优势。以传统零售行业为例，很多零售企业的结账平台仅用于记录不同货物的销售量、销售金额等信息，缺乏对购买者信息的收集、分析与利用。再如，许多零售门店的监控摄像头仅用来防范偷窃，而不是用来记录顾客信息、分析顾客心理与行为。"万宝龙"就曾利用监控录像记录进店顾客的不同表现，然后让有经验的销售人员分析和判断，并将相关的知识体系制成软件，协助一线销售人员进行销售，使一线销售人员知晓什么时候该与顾客攀谈、什么时候让顾客自己挑选等，结果使单个门店的销售额提升了20% 以上。

在大数据背景下，企业与外界环境之间的边界日益模糊，信息共享和知识溢出成为企业与利益相关者之间合作竞争与协同演化的主要方式。在这样的竞争背景下，信息和知识成为企业管理中的重要生产要素，也是决定企业创新力的关键。基于大数据平台与外界建立社会网络，从外界获取有价值的信息，是企业获得竞争优势的关键。因此，重视大数据这种战略资源，积极获取、利用这种战略资源以获得竞争优势，是"以资源为本"战略思维需要拓展的重心。

（二）对"以竞争为本"战略思维的影响

以竞争为本的战略思维的产生，源于20世纪80年代以迈克尔·波特教授为代表的学者提出的竞争战略理论。在该理论的指导下，竞争成为企业战略思维的出发点。竞争战略理论认为，行业的盈利潜力决定了企业的盈利水平，而决定行业盈利潜力的是行业的竞争强度和行业背后的结构性因素。因此，产业结构分析是建立竞争战略的基础，理解产业结构永远是战略分析的起点。企业在战略制定时重点分析的是产业特点和结构，特别是通过深入分析潜在进入者、替代品威胁、产业内部竞争强度、供应商讨价还价能力、顾客能力这5种竞争力量，来识别、评价和选择适合的竞争战略，如低成本、差异化和集中化竞争战略。在这种战略理论的指引下，企业决策者会逐渐形成"企业成功的关键在于选择发展前景良好的行业"的战略思维。

伴随着大数据时代的到来，产业融合与细分协同演化的趋势日益凸显。一方面，传统上认为不相干的行业之间，通过大数据技术有了内在关联。例如，阿里巴巴已涉足金融、物流、云计算等行业，传统的零售企业开始从事电子商务。大数据平台的构建，以及对大数据的挖掘和应用，促进了行业间的融合。另一方面，大数据时代，企业与外界之间的交互变得更加密切和频繁，企业竞争变得异常激烈，广泛而清晰地对大数据进行挖掘和细分，找到企业在垂直业务领域的机会，已经成为企业脱颖而出、形成竞争优势的重要方式。在大数据时代，产业环境发生深刻变革，改变了企业对外部资源需求的内容和方式，同时也变革了价值创造、价值传递的方式和路径。因此，企业需要对行业结构，即潜在竞争者、供应商、替代品、顾客、行业内部竞争等力量，进行重新审视，进而制定适应大数据时代的竞争战略。

（三）对"以顾客为本"战略思维的影响

伴随着20世纪90年代产业环境动态化、顾客需求个性化等发展趋势，以顾客为本的战略思维模式逐渐形成。这种思维模式的核心是，强调企业的发展必须以顾客为中心，无论是增强自身能力还是拓展市场，都要围绕顾客需求展开。研究顾客需求、满足顾客需求是这种战略模式的出发点。在这种战略理念的指引下，企业决策者意识到，要想获得竞争优势，就要比竞争者更好地发掘并满足顾客需要，创造独特的顾客价值。

在大数据时代，以顾客为本的战略思维也需要有新的变革。围绕顾客需求和企业的产品价值链，大数据时代的一个突出特点是"社会互动"的深刻影响。从新产品开发、测试到新产品的投放，社会互动都扮演着日益重要的角色。例如，在新产品开发阶段，小米公司的 MIUI 系统开发同上千万 MIUI 用户的互动，是产品创新的智慧来源。再如，美国某 T 恤衫销售公司，每个员工都可以向其公司网站上传自己的设计，然后由网络用户对产品设计进行投票，公司最后决定销售投票率最高的 T 恤衫。英国的一家家具企业则通过其网站来测试消费者对每种新产品的看法，经过投票产生前 5 名新产品，然后才向市场正式推出新产品。在营销层面，当今的电商平台，无论是国外的亚马逊，还是国内的淘宝、京东，都对网络口碑高度重视。网络口碑的实质就是顾客之间对产品看法和意见的互动，后续消费者会根据已有的口碑进行消费决策，互动口碑已经成为产品营销的战略举措。

关于大数据时代顾客价值创造方式的分析的一个共同特点是，价值创造的主体变得模糊，社会互动日益突出。传统以顾客为本的战略思维，强调的是企业需要洞察市场、洞察顾客需求，进而设计新产品或改进已有产品，满足顾客需求并创造价值。由于大数据技术的发展，社会互动能够被观察和有效控制。因此，大数据对以顾客为本战略思维的影响，主要表现在重视企业和利益相关者的社会互动，如同供应商互动设计更好的零部件，同顾客互动设计新产品、测试新产品、推销新产品。企业与利益相关者的互动，会以更高的性价比创造价值，满足顾客需求，从而获得竞争优势。

二、大数据时代战略思维的主要特征

在互联网时代，人们经常讨论怎样用互联网的方式思维，以及如何持有互联网的思想、互联网的思考方式。在大数据时代，应该有大数据的思维方式。参考美国西北大学凯洛格商学院陈宇新教授的论述，大数据时代的"大数据战略思维"特征主要表现为：定量、跨界、执行和怀疑。

（一）定量思维特征

定量思维特征是指"一切都可测量"。虽然现实经营管理的情况不是都可以测量，但是企业决策者要持有这样的理念。例如，现在很多餐饮连锁企业都有消费会员卡，但是一般只记录顾客的消费金额，关于顾客消费什么并没有记录。如果有了这样的记录，每个顾客来消费时，就不仅可以判断他的消费水平，也能分析判断他的消费偏好。如果管理者具备定量思维，秉承一切都可测的思想，记录有用的顾客信息，将会对企业的经营和战略决策产生积极作用。

引领企业实现大数据转型的企业决策者，在进行企业重要决策时，应该养成看"数据怎么说"的思维习惯。参考数据分析结果进行管理决策，既能有效避免仅凭直觉判断的不足和风险，也能改变企业内部的决策文化，将企业经营模式从依靠"劳动生产率"转移到依靠"知识生产率"上来。

（二）跨界思维特征

跨界思维特征是指"一切都有关联"。企业经营的各方面之间都有相关性，应该发挥领导者的想象力，将看似不相干的事物联系起来。例如，移动终端和 PC 终端的跨界，微信、社交网络跟电子商务的跨界，通过跨界能够开创新的商业模式，构建新的价值链。如果说通过大数据挖掘消费者需求考验的是企业的洞察力，那么高效地满足客户需求考验的是企业内在的整合与优化能力。企业要想获得价值最大化，就要善于利用大数据提升价值链的效率，对其商业模式、业务流程、组织架构、生产体系等进行跨界整合，以进一步提升为客户服务的效率和企业竞争力。基于大数据的思维不仅可以提升企业的内在效率，还能帮助企业重新思考商业社会的需求，从而推动自身业务的转型，重构新的价值链。阿里巴巴集团就是充分利用大数据，成功地由一家电子商务公司转型为金融公司、数据服务公司和平台企业，它的转型给金融、物流、电子商务、制造、零售行业带来了深刻影响。

（三）执行思维特征

执行思维特征是指"一切都可利用"。执行思维强调充分地发掘、利用大数据。企业收集了大量的数据，但存放着不利用属于资源浪费。企业应该注重实效，将大数据蕴含的市场信息发掘出来，并执行下去，及时对市场和利益相关者做出反应。在大数据时代取得成功的企业，并不是简单地拥有大数据，而是通过对大数据的分析，发现市场机会，从而开发新的市场。企业依托大数据分析获得的创意，为市场提供相当独特的产品和服务，通过高效的组织运作与执行，最终赢得顾客、赢得市场。

（四）怀疑思维特征

怀疑思维特征是指"一切都可试验"。企业获取了大数据，进行分析获取一定信息之后，有时会导致决策产生更大的偏差。认为有了数据的支持就觉得实际情况就是如此，从而忽略了深入的思考。实际上，有的时候数据会产生误导，所以不能对数据有盲从的思想，相应地还要有怀疑试验的思想。例如，航空公司经常根据顾客在本公司的消费情况计算其顾客价值，进而根据顾客价值的大小采取不同的营销策略。假如 A 顾客在某航空公司年消费金额为 2000 元，公司可能将其归类为低价值顾客，实际上该顾客在其他航空公司年消费额超过 2 万元。面对这样的情形，航空公司仅仅根据自己掌握的顾客消费数据进行决策，难免会产生错误或偏差。因此，管理者还需要有怀疑试验思维，要思考获得的大数据是否全面，来源是否精准，不能盲目认为只要拥有大数据，就能够进行精准的决策。

大数据时代，消费者的决策方式、购买行为等发生了显著变化。为此，企业经营管理过程中的战略思维应该进行变革。一方面，要对传统以资源、竞争和顾客为本的战略思维进行升级拓展；另一方面，要发展形成全新的大数据企业的战略思维，这涉及企业管理的最高层次，关乎企业的生存与发展前景。当代企业决策者要想获得商业成功，要筑百年基业，就要具备大数据时代的战略思维。许多成功企业的经验证明，正是企业领导层具有大数据时代的战略思维，引领企业开创了新的商业模式、新的价值创造方式，更好地为顾客、为社会创造了价值，才最终成就了企业的爆发式增长。因此，升级传统战略思维，构建大数据战略思维，开展体现大数据时代思维特征的战略管理，是企业可持续发展的重要条件。

三、大数据时代企业战略管理创新途径

新时期，从战略角度有效应对大数据带来的机遇和挑战，企业应该做到以下几点：

（一）树立大数据意识，建立有效的信息平台

现代社会信息爆炸式增长，是否树立有效大数据意识，是否合理有效地收集数据并进行分析处理，对于企业来说是一项巨大的工程。因此，只有建立有效的信息平台，为专业数据信息分析提供规模性的专业信息服务保障，才能为提高企业服务水平、优化企业战略管理夯实基础。

（二）重视大数据技术，推进技术革新与改造

重视新技术的推广与应用，是大数据开发的基础和源泉。但复杂的大数据并不一定会为企业创造可观的价值，关键还要看数据分析与应用的效果，特别是大数据时代已经打破了行业之间的壁垒，因此，如何利用大数据技术充分发挥其效用，并加快技术更新和应用的步伐，形成真正的规模化数据是当前推进大数据时代发展应用中企业亟须面对与解决的问题。

（三）调整组织结构，搭建组织信息平台

在大数据时代下，企业获得及时有效的数据信息，不仅需要搭建企业自身的云计算下的大数据平台，还需要组织全体员工共同参与这个过程。同时为了适应分散决策的要求，必须调整组织结构，将高耸型组织调整为扁平化的组织结构，调动一线员工工作的积极性与主动性，缓解高层的决策压力。

参考文献

[1] 冯寓奇.高效能人士的 Excel 财务管理 300 招 [M].北京：机械工业出版社，2017.

[2] 高洁，任媛."互联网＋"时代背景下的房地产企业经营管理创新研究 [M].长春：吉林人民出版社，2020.

[3] 金宏莉，曾红.大数据时代企业财务管理路径探究 [M].北京：中国书籍出版社，2021.

[4] 李艳华.大数据信息时代企业财务风险管理与内部控制研究 [M].长春：吉林人民出版社，2019.

[5] 刘春姣.互联网时代的企业财务会计实践发展研究 [M].成都：电子科技大学出版社，2019.

[6] 刘淑莲，任翠玉.高级财务管理 [M].沈阳：东北财经大学出版社，2017.

[7] 龙敏.财务管理信息化研究 [M].长春：吉林大学出版社，2016.

[8] 罗进.新经济环境下企业财务管理实务研究 [M].北京：中国商业出版社，2019.

[9] 莫玲娜，等.知识经济与现代企业管理创新 [M].成都：电子科技大学出版社，2015.

[10] 潘栋梁，于新茹.大数据时代下的财务管理分析 [M].长春：东北师范大学出版社，2017.

[11] 曲柏龙，王晓莺，冯云香.信息化时代财务工作现状与发展 [M].长春：吉林人民出版社，2021.

[12] 宋娟.财务报表分析从入门到精通（实例版）[M].北京：机械工业出版社，2018.

[13] 王利敏.大数据时代背景下企业财务管理变革 [M].北京：中国商业出版社，2021.

[14] 王小沐，高玲.大数据时代我国企业的财务管理发展与变革 [M].长春：东北师范大学出版社，2017.

[15] 王晓丽，孟秀蕊.大数据时代预算管理理论与创新实践研究 [M].长春：吉林人

民出版社，2021.

　　[16] 王雅姝 . 大数据背景下的企业管理创新与实践 [M]. 北京：九州出版社，2019.

　　[17] 吴芃 . 所有权性质、盈余管理与企业财务困境 [M]. 南京：东南大学出版社，2017.

　　[18] 徐炜 . 大数据与企业财务危机预警 [M]. 厦门：厦门大学出版社，2019.

　　[19] 徐燕 . 财务数字化建设助力企业价值提升 [M]. 广州：华南理工大学出版社，2021.

　　[20] 杨继美，周长伟 . 玩转财务大数据 金税三期纳税实务 [M]. 北京：机械工业出版社，2017.

　　[21] 姚树春，周连生，张强，等 . 大数据技术与应用 [M]. 成都：西南交通大学出版社，2018.

　　[22] 于凌云 .Excel 在财务中的应用 [M]. 苏州：苏州大学出版社，2018.

　　[23] 张娓 . 大数据时代下保险公司的创新之路 [M]. 重庆：重庆大学出版社，2020.

　　[24] 郑永强 . 世界 500 强 CFO 的财务管理笔记 [M]. 南昌：江西人民出版社，2015.

　　[25] 周苏，孙曙迎，王文 . 大数据时代供应链物流管理 [M]. 北京：中国铁道出版社，2017.